동물의 왕국에서 규칙은 먹느냐 먹히느냐이다.
인간 세계에서 규칙은 규정하느냐 규정되느냐이다.

-토마스 사스 《제2의 죄악》[1]

| 19세기 인도의 재발견 |

여성적인 동양이
남성적인 서양을
　　만났을 때

이옥순 지음

푸른역사

■ 머리말

또 하나의 지도

"역사는 왜 배우는 건가요?"
나는 매학기 초, 역사를 교양과목으로 선택한 지극히 '현명한' 학생들에게 다음의 이야기로 위 질문에 대한 답변을 제시한다.

1차 세계대전이 진행되는 동안, 알프스에 배치된 헝가리인 부대의 한 소대장은 어느 날 일단의 분대원을 눈 덮인 황무지로 정찰을 내보냈다. 그런데 공교롭게도 그들이 떠나자마자 폭설이 내리기 시작했다. 눈은 이틀 동안 계속해서 쏟아졌고 분대원들은 아무도 돌아오지 않았다. 젊은 소대장은 부하들을 사지(死地)로 보냈다는 자책감 때문에 잠을 이루지 못하고 몹시 괴로워했다.

그러나 사흘째 되던 날 정찰 나간 군인들은 모두 무사히 귀환했다. 그들은 어디에 있었고 어떻게 그 엄청난 눈밭을 헤치고 돌아올 수 있었을까? 뛸 듯이 기뻤던 소대장은 부하들에게 다그치듯이 물었다. 그들은 이렇게 대답했다.

"예. 우리들은 눈보라 속에서 영영 길을 잃었다고 여겼고 죽음을 각오했습니다. 그런데 누군가 주머니에서 지도를 발견했지요. 우리는 지도를 보고 마음의 평정을 되찾았고 참호를 파고 폭설이 끝나기를 기다렸습니다. 그리고 소지품에서 발견한 그 지도를 따라 이렇게 본대로 돌아오게 된 겁니다." 소대장은 부하들을 구해준 그 고마운 지도를 넘겨받아서 자세히 들여다보았다.

놀랍게도, 그 지도는 알프스 산맥의 지도가 아니라 피레네 산맥의 지도였다.

피레네 산맥의 지도를 가지고 알프스의 황량한 눈밭에서 살아 남는다? 나는 역사 공부를 개인이 가진 경험의 창고에 수많은 지도를 그려 넣는 희망의 작업이라고 가르친다. 동서고금의 다양다기한 기억과 연계된 그 수많은 역사의 지도들은 곳곳에 복병이 도사리고 있는 이 험한 삶의 바다에서 죽지 않고 살아 남도록, 그리고 되도록 상처와 시행착오를 줄이고 살아 남도록 우리에게 갈 길을 일러준다. '피레네 산맥의 지도'처럼 역사는 희망을 상징하고 그래서 역사를 공부한 사람은 늘 현명하기 마련이다.

여기, 미지의 미래를 향한 우리들의 불안한 항해에 참고가 될 또 하나의 지도를 소개한다. 세계화의 요란한 구호와 지구촌이라는 말이 무색할 정도로 우리나라에서 여전히 '못사는 나라'로 무시 또는 간과되고 있는 인도에 관한 지도이다. 역사의 지도가 반드시 역동적이고 진보적이어야 할 이유는 없건만 우리나라에서 각국사 연구는 소위 '잘 나가는 나라'만을 조명하는 것이 현실이다. 이 글을 통해 지리적으로 역사적으로 우리와 유사한 인도가, 발전한 다른 국가들과 함께 '세계' 속에 편입되길 기대해본다. 부족하고 미흡한 글을 책으로 내는 욕심을 부린 것은 그 때문이다.

이 글은 원래 1998년 10월에 열린 동양사학회에서 발표된 논문이었다. 글을 어여삐 여긴 출판사의 출간 제안을 받고 용기를 내어 논문의 키를 늘리고 살을 불렸지만 책의 구성은 원 논문과 크게 다르지 않다. 이 글의 탄생과 성장에 동기와 큰 힘을 주신 모든 분들께 감사의 인사를 올리며, 다음에 그리게 될 '지도'는 더욱 정교하게 잘 만들 것을 약속드린다. 작은 '희망'을 그리는 작업은 힘들지만 행복하다.

1999년 정월
이옥순

차 례

| 1장 | 핵, 그리고 힘 11

| 2장 | '닮음'과 '다름'의 식민주의 29
　　　우연이 아닌 만남 32 / 발가락이 닮았다 42
　　　'개와 인도인은 출입금지' 52

| 3장 | 상상 속의 성 65
　　　너는 여자, 나는 남자 69 / 영국, 정의의 기사(騎士) 82
　　　진짜 사나이들 92

| 4장 | 숨은 '남성다움' 찾기 107
　　　힌두교는 힘이 세다 113 / '우리들'의 영웅 126
　　　수렁에서 건진 내 딸들 147

| 5장 | '인도'의 발견 161
　　　낯익은 타인 165 / 인도의 발견 172
　　　오늘, 그리고 내일 187

■ 주석 192

한 도덕가가 청중을 향해서 말문을 열었다.
"자, 펭귄을 생각해봅시다."
그러나 펭귄은 그 도덕가를 무시했다.
만약 그 도덕가가 추운 북극해에서 벌벌 떨면서 꽥꽥거리고 싶다면
그것은 펭귄이 상관할 바가 아니었다.
펭귄은 아침 수영을 시작할 것인가를 생각하는 중이었다.
"우리는 펭귄에게서 무엇인가를 배울 수 있습니다."
도덕가는 펭귄에게 손을 흔들면서 계속 말했다.
펭귄은 그 모습이 건방지다고 느꼈다.
"나태한 본능에 굴복한 결과를 말입니다."
펭귄은 도덕가를 응시했다.
"난, 한 번도 나태한 적이 없었어."
펭귄은 그렇게 중얼거리며 한숨을 내쉬었다.
도덕가는 말을 계속했다.
"자, 펭귄을 보세요."
도덕가의 손짓이 다시 펭귄을 향했다.
펭귄은 도덕가를 포기하고 바닷가로 걸어갔다.
"펭귄을 보세요. 펭귄은 날지 못합니다. 수세기에 걸친 게으름 때문에
선천적으로 나태하게 된 것이지요."
펭귄이 떠났다는 것을 알지 못하는 도덕가는 의기양양하게 끝을 맺었다.
그러는 동안에 진화된 수영복을 입은 펭귄은 적응력이 뛰어난 날개로
파도 위를 날고 길이 없는 대양을 자유롭게 걸어다녔다.
 - 수니티 남조시, 《페미니스트 우화》[2)]

1장
핵, 그리고 힘

태양은 하늘 한가운데 떠올랐다.
그리고 더위는 심했다.
타는 듯한 하루의 황혼에
시든 꽃들은 모두 고개를 떨구고 말았다.
- 타고르, 〈최후의 노래〉

델리의 5월은 아주 무덥다. 특히 열대의 강한 햇빛이 신명을 내는 오후 녘에는 사람들의 움직임이 풀 죽은 모시옷처럼 맥을 못 춘다. 그 더위의 한가운데에서 잔뜩 긴장한 채 전화를 응시하는 일단의 중년 신사들이 있었다. 1998년 5월 11일 오후 4시, 드디어 무거운 정적을 가르며 전화 벨이 울렸고 기다리던 작전명 '샥티(힘)'의 성공을 알리는 전갈이 왔다. 그때 한 신사의 눈에는 감격의 눈물이 반짝거렸다.

그 중 한 사람이 메모를 들고 옆방으로 걸어갔다. 상기된 표정의 노신사는 인도가 방금 서부 사막지대의 포크란에서 다섯 차례의 지하 핵실험을 성공적으로 실시하였고, 그 결과 이제 핵클럽에 가입한 여섯 번째 국가가 되었다고 자랑스럽게 발표했다. 더위에 지친 인도 국민과 전세계를 깜짝 놀라게 만든 빅

뉴스를 차분하게 읽어 내린 그 노신사는 바로 바지파이 인도 총리였다.

　총리의 발표가 끝나자마자 인도 전역은 금세 축제 분위기에 휩싸였다. 사람들은 너도 나도 거리로 뛰어나와 춤을 추었고, 무심함과 냉정함이라면 세상에서 첫손가락에 들 인도인들이 기꺼이 미소를 주고받았다. 그날, 핵실험의 성공과 세계 핵클럽 가입을 축하하는 폭죽이 연이어 귀청을 때렸고 불꽃놀이가 아름다운 흔적을 남기며 밤하늘을 갈랐다.

　"빈곤한 나라가 무슨 핵실험을……."
　"연약한 국가(어린이)가 위험한 무기(장난감)를 소유하는 것은 아닐까……?"
　"와, 드디어 우리는 강대국이 되었다!"

　그날, 외국의 비아냥거림과 인도의 자긍심이 정면으로 부딪쳤다. 전세계 국가의 90퍼센트 이상이 인도를 비난했지만, 인도 국민의 90퍼센트 이상이 정부의 '역사적 결단'을 지지하였다. 어디에서나 들리는 것은 승리의 노래뿐이었고 핵실험을 비난하는 성명이나 항의행진은 보이지 않았다. 좌우의 논박도 여야의 구분도 없었다. 그랬다. 그곳은 히틀러에게 희생되는 유대인에게까지 비폭력 투쟁을 권유했던 마하트마 간디의 조국이었다. 그러나 애국은 차가운 이성이 아닌 따뜻한 정서의 산물이었다.

　"드디어 우리는 강대국이 되었다!"

　사람들의 기쁨은 바로 그것이었다. 늘 핵국가를 꿈꿔온 인도 인민당(BJP) 정부가[3] 임시 국경일을 선포할 것인지를 심각하게 고려할 정도로 그날은 인도 국민 모두에게 '우리 기쁜 날'이었

핵실험 성공 발표를 듣고 축제 분위기에 휩싸인 인도인들. 인도인들은 인도가 핵실험에 성공함으로써 비로소 '힘'과 자신감을 획득했고, 강대국의 반열에 올랐다고 생각했다.

다. 바지파이 총리는 이어진 인터뷰에서 "수억의 인도인이 이 실험을 인도가 강하고 자신감을 가진 국가로 부상하는 계기가 될 것으로 인식하고 있다"고 대답하고, 핵실험의 가장 큰 의미는 인도가 '힘'과 자신감을 획득한 사실이라고 반복했다.

남의 행복은 나의 불행이었다. 그날 이웃 나라 파키스탄에서는 또 다른 종류의 불꽃행렬이 거리를 메웠다. 인도의 핵실험을 비난하는 화형식이 줄을 이은 것이다. 인도인의 환희와 비슷한 무게를 가진 파키스탄 국민들의 산 같은 절망감은 정부로 하여금 다른 선택을 할 수 없도록 강한 압력으로 작용하였다. 보름 후 파키스탄 정부는 '핵에는 핵'이라는 함무라비 법전의 정신을 상기하면서, 미국을 비롯한 세계 각국의 경고와 반대를 무릅쓰고 '위험한' 핵실험을 강행하였다. 경제 파탄이라는 심각한 후유증을 모르는 바가 아니었지만 제3의 대안은 없었다.

이 과정을 지켜본 세계의 언론과 학자들은 거의 예외 없이 두 사건의 연계성을 강조했다. 즉 인도 북부에 위치한 카슈미르 지방을 두고 지난 50년 간 계속된 인도-파키스탄의 분쟁과 주변국 중국과의 군비 경쟁을 그 원인으로 파악한 것이다. 무슬림이 다수인 카슈미르는 문화적으로는 파키스탄에 가까웠지만 현재는 인도 연방의 일원이기 때문이다. 1947년 영국의 식민지에서 분리하여 독립한 인도와 파키스탄은 1948년, 65년, 71년 세 차례나 국지적 전쟁을 벌였고, 인도가 소련과 친밀한 관계를 유지한 냉전시대에 파키스탄은 미국의 동맹국이 되어 서로 높은 증오의 벽을 쌓아올렸다.

그러나 나는 보름의 시차를 두고 이어진 남아시아의 핵실험 공방을 지켜보면서 그와 다른 갈등의 족보를 그려보았다. 핵실험의 성공으로 세계 강대국의 일원이 되었다고 기뻐하는 대다수 인도인과 열패감으로 한없이 절망하는 파키스탄인의 태도에서 강해지지 않으면 안 된다는, 결코 약자가 되어서는 안 된다는 어떤 강박관념 같은 것을 읽었던 것이다. 왜 인도는 강대국이 되어야 하는가? 세계 인구의 6분의 1을 차지하는 많은 인구 때문에? 아니면 한때 제3세계의 주도국이었으므로? 그렇지 않으면 또 다른 숨겨진 이유가 있는 것일까?

인도 정부는 그 얼마 후 '포괄적 핵실험 전면금지조약(CTBT)'에 서명하는 조건으로 유엔 안전보장이사회의 상임이사국 가입을 요구하였다. 이제 강대국이라는 사실을 인정해달라는 주문이었다. 냉전체제가 봄눈처럼 녹으면서 종래의 군사력 대신 경제력이 강대국을 판가름하는 잣대가 되었다는 사실을 모를 리 없는 인도였다. 더구나 인도는 미국이 IBM과 코카콜라를 수출한다면 '우리'는 고도의 정신주의를 수출하노라고 큰소리를 치면서, 장차 천박한 물질주의의 파도에 떠내려갈 서양의 잠재적 '노아'를 자처해온 영적인 힘의 소유자가 아니던가.

나는 강대국임을 증명하고 동시에 자기를 확인하는 인도의 핵실험에서, 수세기에 걸친 오랜 식민통치가 남긴 깊은 상흔을 보았다. 표면에 드러난 파키스탄과 얽히고 설킨 갈등 너머에 있는 그 깊은 상처의 뿌리는 멀리 19세기까지 거슬러 올라가며, 그 몇 가닥은 "인도는 결코 홀로 설 수 없다"고 외쳤던 키플링의 수많은 작품에까지 뻗어 있었다.[4] 내게는 핵실험을 실시하고 강대국만 소유한 '핵'을 개발하여 스스로 강대국이라고 자부하는 인도가, '힘'을 가진 공격자와 자신을 동일시하는 희생자의 모습으로 비춰졌다. 그건 식민지로서 오랜 시간 식민국의 타자(他者)로 지낸 인도가 현세계의 '키플링들'에게 보내는 "우리도 홀로 설 수 있다"는 메시지이자 영국을 포함한 강대국들과 어깨를 나란히 하려는 안간힘이었다. 파키스탄은 그저 표면적인 적, 만만한 적일 뿐이었다.

식민지인이 겪은 아픈 경험은 공식적으로 식민주의가 종결된 이후에도 잔존하여 현재까지 계속된다. 살아 남은 그 경험의 한 축은 정치적으로 집단을 동원할 필요성이 있을 때나 경제적 이득을 얻는 방편으로 종종 이용되게 마련이다. 냉전체제가 끝나고 미국과 소련의 동맹국들이 모두 사라지자, '역사의 종말'이 아닌 새로운 역사 속에서 '비동맹의 맹주'라는 큰 의미를 상실하게 된 인도는, 혹시 서양이 주도하는 현세계에서 주변국으로 전락한 자신을 재확인하는 과정이 필요하지 않았을까? 아니면 20세기 후반에 진행된 세계화(서구화)의 거대한 물결 속에서 어떤 위기를 감지했는지도 모른다. 나는 그 위기의식이 19세기 인도가 대면했던, 강한 '서양'의 존재에 대한 아픈 기억과 연결된다고 생각한다.

라캉과 같은 정신분석학자들이 주장하듯이 한 인간의 정체성은 다른 사람의 시선 속에서 형성된다. 즉 "지옥은 타자이다"라는 사르트르의 말처럼 정체성은 자기가 아니라고 여겨지는 것과의 구별, '너와 다른 나'와 '나와 다른 너'의 구분에 근거를 두는 것이다. 한 국가나 사회도 그런 것일까? 혹시 그 정체성의 기반이 '다름'이 아닌 '닮음'이 될 수도 있지는 않을까? '너와 나는 다르지 않고 서로 닮았다'는 사실의 추구가 오히려 '다르다'는 엄격한 범주를 허물 수도 있는 것일까? 그렇게 되면 혹시 서양과 서양의 타자 동양이라는 정의나 테니슨의 시구에 보이는 "남성은 태양이고 여성은 달"이라는 극단적인 정의를 허물거나 약화시킬 수도 있을까?

어떤 책에서 읽은 미국 해병대 사령관의 말을 인용해보자. 그는 미군이 여성을 전투병으로 받아들이자 다음과 같이 말했다. "전쟁은 남성들의 일이다. 전쟁터에서 생물학적인 만남은 여성이 무엇을 할 것이냐는 점에서 만족스럽지 못할 뿐 아니라, 남성들에게 엄청난 심리적 혼란을 줄 것이다. 남자들은 자기와 함께 전방의 참호에 있는 여성이 아닌, 저 후방의 어딘가에 있을 여성들을 위해 싸운다고 생각하고 싶어한다. 같은 참호에 있는 여성은 남성의 자아를 짓밟는다. 여러분이 그것을 안다면 '전쟁의 남성다움'을 보호해야 할 것이다."5)

"남녀평등을 부르짖는다면 여자들도 남자처럼 전장에 나가서 싸워야 해!"

그래서 그들은 싸우러 갔다! 그 사령관과 대다수의 남성이 인식하는, 전쟁터에 있는 남성과 후방에 있는 여성의 간극을 메우는 최선의 방법은 무엇인가? 후방에서 자신을 위해 싸우는 남성의 보호에 의지하며 코스모스처럼 하늘하늘한 '청순가련형'으로 사는 것인가? 즉 《완벽한 여성》이라는 책에 그려진 대로 '남편에게 일생을 바치고' '그를 존경하고 숭배'하는 이상적인 여성이 되어야 하는가? 아니면 군복을 입고 무기를 든 채 남자 병사들처럼 씩씩하게 참호 속으로 뛰어드는 '아마존'이 되어야 하는가?

　거의 모든 문화에서 여성은 아이를 생산하고 가사를 돌보는, 집안의 '부처'와 '천사'의 임무를 떠맡았다. 그 반대로 전쟁과 바깥일은 남성들의 몫이었다. 여성들이 이 견고한 경계를 뛰어넘어 참호 속으로 뛰어들고 밖으로 나가기 위해서는, 남성과 구별되는 여성적인 특질을 거부하고 남자가 소유한 남성다움과 능력을 과시해야 했다. 그렇지 못하면 《제인 에어》를 쓴 샬럿 브론테처럼 남자 이름으로 글을 쓰거나, 아니면 〈가슴 달린 남자〉가 되어 출근하는 방법을 택해야 했다. 공격적이고 즉각적이진 않지만 이러한 작은 도전도 변화의 바람을 일군 돛대가 되었다.

　여성으로 간주된 식민지인의 처지도 다를 바 없었다. 19세기 영국은 식민지 인도를 연약한 여성으로 규정했다. 남성다운 영국이 여성적인 인도를 보호하고 지키는 것은 운명이고 하늘의 뜻이라면서 사악한 식민주의는 미화되었다. 그러나 인도는 지배자가 부여한 여성적인 특질을 그대로 수용하고 '후방'에서 수동적인 생활을 영위하지는 않았다. 그들은 오히려 전방으로 나가는 작은 길을 모색했다. '이제 더 이상은 울지 말자. 제 발로 서는 남자가 되자'면서 '전방'과 '참호'가 요구하는 지배자의 남성다움과 힘을 흠모하고 추구했던 것이다. 속담이 말하듯이, 이기지 못할 바에는 차라리 한패가 되어야 했을까? 아니면 싸우면서 닮아간 것일까? 그러나 그것은 '테러리스트'가 되어버린 여성처럼 지배자가 규정한 정의를 거부하는 작은 반동의 몸짓이었다.

그렇다면 서양과 대적할 수 있는 강하고 남성다운 인도인의 정체성은 어디에서 찾을 것인가? 그 해답은 적어도 외형적으로 '우리의 것', 내생적인 그 무엇이어야 했다. 19세기의 배운 인도인들은 '왕년의 나', 즉 역사와 힌두교의 품안으로 돌아갔다. 현재의 무거운 고통을 견디게 하는 것은 '옛날의 금잔디 동산'에 대한 따뜻한 기억이었다. 인도인은 그 과거의 뜰에서 지배자가 정의한 강하고 남성다운 '사과'를 찾아, 자기 이미지를 위한 새 그릇에 담았다. 여성·식민지인·동양이, 남성·지배자·서양처럼 전방과 참호에서 자기 운명을 지키는 대포밥이 되기 위해선 무엇보다 먼저 전쟁이 요구하는 용기와 능력을 과시해야 했기 때문이다.

정권을 잡은 이튿날부터 핵실험을 준비한 현 인도 정부의 정체성은 바로 그 '강한 힌두교'에 뿌리를 두고 있다. 이는 식민주의자가 부과한 이미지를 일부는 수용하고 일부는 거부한, 19세기 인도가 겪은 대응 과정의 결과였다. 강하고 힘센 힌두교를 추구하는 과정에서 생긴 '에일리언' 무슬림(회교도)과 '스와데시' 힌두(힌두교도)의 구분은, 오늘날까지 이어진 인도·파키스탄 분쟁의 씨앗이 되었다. 무슬림은 영국보다 만만했고 '남성다움'을 추구하는 인도가 얼마든지 상대할 수 있는 적이었다.

그러므로 나는 인도의 '핵실험'을 파키스탄 등 주변국과의 갈등이 빚어낸 가시적이고 물리적인 원인으로만 파악하지 않고, 인도의 방어적인 자기 정의와 자기 확인의 '심리적 실험'으로 해석한다. 그러나 서양이 규정한 정의에 자기를 편입시키는 그 확인작업은 서양을 닮아가는 딜레마를 포함한다. 존 스튜어트 밀의《자유론》과 인도 고전《우파니샤드》를 읽고, 영국을 지지하는 동시에 반대를 표명한 19세기 '배운 인도인'이 겪은 그 딜레마는 식민지를 경험한 대다수 국가들이 겪었고 아직도 겪는 과정이다. 각각 이슬람 국가와 힌두 국가의 건설을 기도하는, 보수성 짙은 양국 정부가 추진한 이번의 초현대적 핵실험 공방은 그 야누스적인 정체성의 훌륭한 예증이다.

식민주의는 총과 칼, 즉 물리력만으로는 영원히 존속할 수 없었다. 지배자의 우월성을 강조하는 지배이념을 만들어 피지배자가 그 종속성을 받아들일 수 있도록 심리적·문화적 교란이 필요하였다. 따라서 이 책이 가정하는 것은 한 영토나 국가에 대한 지배가 정치적·경제적인 힘의 행사뿐 아니라 보이지 않는 영역, 즉 상상의 세계까지 망라한다는 사실이다. 물론 보이지 않는 영역의 지배가 물리적인 지배보다 더욱 영속적이고 그래서 훨씬 위험하다. 19세기 강하고 남성다운 '힘'을 발견하는 인도의 심리적 궤적을 추적한 이 글이, 동시에 '핵'을 만드는 현재 인도의 역사인 것은 그 때문이다.

19세기 인도의 모습이 현재 인도의 모습과 연결되듯이 개인이 지닌 어제의 기억은 그의 현재, 오늘과 연계된다. 오늘의 얼굴을 통해서 과거를 이해하고 과거의 기억을 통해서 오늘을 해석한다는 점에서 역사와 가장 근접하는 분야는 아마도 정신분석학일 것이다. 과거의 창고 속에 누워 있는 먼지 수북한 자료들에게 숨겨진 의미를 부여하고 그 의미를 현재와 미래에 제시하는 것이 역사가의 역할이라면, 정신분석가는 환자의 기억 저편에서 현재 그가 처한 문제의 단서를 찾아내어 과거의 압제로부터 해방시키는 일을 수행한다. 그래서 역사와 정신분석은 모두 현재(나아가서 미래)와 손 잡고 있는 과거를 추적하고 발견하는 작업인 셈이다.

그렇게 보면, 역사가 인간으로 하여금 "과거의 사회를 이해하여 현재 사회를 지배할 수 있는 능력을 증진"시킨다고 한 E. H. 카의 말은 매우 시사적이다. 경구가 된 그의 말대로 역사가 '과거와 현재 사이의 대화'라면 정신분석도 마찬가지로 과거와 현재를 연결하고 있다. 정신분석가와 역사가들이 마련한 그 대화의 장은 수많은 자료와 환자의 고백을 통해서 이루어진다. 정신과 클리닉을 찾아온 사람들이 짊어진 현재의 고단한 짐을 덜어주기 위해 개인의 역사를 기록하고 재구성하는 정신분석가의 작업은, 흩어진 역사적 자료를 채집하고 분석하여 참된 과거를 알려주는 역사가의 연구 과정과 닮은꼴이다.

이 글은 현재와 연계된 19세기의 인도를 발견하고 그 심리적 고백을 얻어내기 위해 정신분석학의 일부 이론을 이용하였다. 즉 '동일시' '역행' '좌절감-공격성' '전위(轉位)' 등의 이론을 동원하여 인도인이 취한 심리적 행적의 '동기'를 추적하였다. 윌리엄 매킨리 런얀의 분류를 따른다면, 이 글은 역사심리학이나 심리사의 장르가 아닌 '심리학적 내용을 담은 역사'에 해당할 것이다.[6] 그것은 '과거에 일어난 특수한 심리적 현상에 대한 기술(記述)과 해석을 포함' 하는 역사서술을 일컫는다. 그러나 다른 분야의 연구에 통달하지 못한, 역사에 적을 둔 나의 한계 때문에 그 이론들은 피상적으로 다루어졌다.

이 연구는 또한 많은 사람들의 많은 생각을 빌려 왔다. 푸코의 '지식과 권력' '일탈', 그람시의 '헤게모니와 레지스탕스', 에드워드 사이드의 '오리엔탈리즘', 그리고 페미니즘의 여러 이론 이외에도 프란츠 파농과 앨버트 멤미 등 식민주의에 관한 많은 연구들에게 신세를 지고 도움을 받았다. 결과적으로 온갖 학문의 '종합세트'가 된 이 연구는 오래 전부터 시도되었지만 아직도 활발하지 않은, 학문의 경계를 뛰어넘으려는 내 나름의 작은 노력이다. 여기저기 흩어져 누워 있는 과거의 파편들을 제대로 모아 붙이고 복원하기 위해서는 다양한 학문의 '풀'을 사용해야 하지 않겠는가.

소설을 비롯하여 많은 문학작품을 인용한 것도 비슷한 맥락에서였다. 역사와 문학은 상호작용하고 서로를 조명해준다. 어떤 점에서는 정서적인 문학작품이 제국의 이념이나 시대적 분위기를 명확하게 반영할 수도 있다. 영국 식민정부는 공식적으로 성의 구분, 즉 '여성적인 인도와 남성적인 영국'이라는 이분법적 구분을 표명한 적이 한 번도 없었다. 이렇듯 말해지지 않은, 그리고 표명될 수 없었던 지배자의 입장과 생각을 추적하기 위해서, 이 시대에 발표된 여러 소설과 에세이 · 여행기 등의 행간에 숨은 내용을 더듬었다. 제국은 갔어도 문학작품은 남아서 옛날을 증거하였다.

그렇지만 내가 여기에서 다룬 상상의 영역, 소위 문화가 완전히 구획될 수 있는 독립적인 분야라고 여기진 않는다. 경제 분야나 정치적인 영역과 완전히 분리되는 문화나 상상의 세계는 없을 것이다. 게다가 식민주의는 정치적 지배와 경제적인 이용과 착취를 일컫는 제도가 아닌가. 하지만 이 글은 영국인이 구성한 특권적인 자기 이미지와 열등한 인도에 대한 이미지, 그리고 그 정의에 대항한 인도인의 인식 등이 정치 분야나 경제 영역과 상호작용하였던 사실을 의도적으로 무시하고, 머리와 가슴이 연루된 문화적 측면의 지배에만 관심을 두었다.

이 책은 영국이 기대한 인도의 이미지와 그에 대응하는 인도인에 의한 인도의 얼굴을 그렸다. 그러나 책의 중심은 인도인의 대응과 그 이후의 전개 과정에 두었다. 한 가지 언급할 사항은 인도에 거주한 영국인들과, 그와 대결한 교육받은 인도인들이 모두 같은 생각을 하고 함께 움직인 단일한 집단이 아니었다는 점이다. 그들 중에는 모순되고 일관성 없이 때로 중심적인 움직임에 저항한 사람들도 상당수 포함되어 있었다. 즉 '비식민적'인 식민주의자와 지배자답지 않은 영국 지배자가 있었고, 또 '비식민지인적'인 인도인과 종속되지 않은 인도인도 존재했다. 그러나 여기에서는 대칭되는 그들을 무시하고 편의상 하나의 집단과 움직임으로 뭉뚱그렸다.

인도에서 영국 지배는 약 2세기에 걸친 오랜 과정이었다. 그 중에서 이 글이 19세기 후반에 시간적 한계를 정한 데는 여러 가지 이유가 있다. 19세기, 특히 빅토리아 여왕이 통치하던 시대(1837~1901)는 영국 제국주의가 전성기를 구가하고 가장 광범위하게 세력을 편 시기였다. 세계 영토의 4분의 1을 차지했던

'해가 지지 않는 나라' 영국은 1876년 인도 제국을 만들고 빅토리아 여왕을 그 황제 자리에 올렸다. 영국 인구의 열 배가 넘는 세계에서 가장 큰 식민지 인도는, 군사·경제·문화·자긍심 등 모든 면에서 영국 왕실의 왕관을 장식하는 가장 빛나는 보석이었다. 영국은 이 시기에 그 힘을 바탕으로 식민지 인도와 '다름', 우월성을 주장하였다.

인도는 그 반대로 지배국과 '닮음'을 추구하며 열등성을 부정했다. 그 중심에는 영국을 가장 닮은 계층이자 영국이 가장 다르다고 거부한, 교육을 받고 영국을 닮은 인도인들이 자리했다. 말하자면 한 동전의 다른 면이었던 그들은 동양과 서양이 만나는 강에 쭈그리고 앉아서 기꺼이 서양의 가치를 낚던 사람들이었다. 그들이 추구한 식민국, 지배자, 그리고 서양과의 닮은꼴은 작은 도전의 씨앗이 되어 과거와 역사의 양분을 받으며 자랐다. 그러나 그들이 발견한 과거는 돌아갈 수 없는 곳이었고 그래서 운동은 미래와 연결되었다. 그것이 소위 식민주의에 반대하는 내셔널리즘의 태동이었다. 이 글은 그 역설에 관한 이야기이다.

그렇게 반대자가 협력자였고 개혁자가 반동주의자였다. 또한 자신의 과거와 전통을 분해하여 서양이나 남성과 대적할 수 있는 강한 존재로 재구성하면서 '인도'를 외친 사람들이, 제국주의의 이념 — 오리엔탈리즘까지 — 을 가장 열심히 수용하고 이용하였다. 그러므로 오늘날 동양과 여성이 추구하는 정체성은 서양과 남성이 만들고 규정한 모형일 가능성이 높다. 서양이 소유한 '핵'과 '힘'이 강대국을 의미하고, 남성 우월주의에 극렬

인도 전통 의상을 입은 총리와, 영국 식민정부 경찰의 유니폼과 비슷한 옷을 입은 힌두 우익 단체(RSS) 회원. 이들의 유니폼인 카키 반바지와 셔츠 차림은, 영국이 규정한 여성다운 인도의 이미지에 대한 반동이라고 할 수 있다.

히 반대하는 여성에게서 가장 남성다운 특질을 읽을 수 있는 것처럼 말이다. 그렇다면 그들은 '진정한 얼굴'을 영원히 잃어버린 것인가?

여성적인 동양이 남성적인 서양을 만났을 때? '찌리릿!' 하고 서로 끌릴 법도 했건만 현실은 그러하지 못했다. 그것은 헤게모니, '힘'을 사용한 물리적 사랑법이 낳은 비극이었다. 역사가인 칼 베커는 역사가의 역할이 '무엇을 했는가'와 '무엇을 했어야 하는가'에 비추어 사회가 '무엇을 하고 있는가'를 이해하도록 돕는 것이라고 말했다. 결국 실연(失戀)으로 막을 내린 '남성적'인 영국과 '여성적'인 인도의 설레는 만남과 거북한 동거(결혼이 아닌), 티격태격의 싸움, 그리고 이별의 전주곡을 엿보면서 자기 운명의 능동적인 요원으로서 최선의 길이 무엇인지 생각해보자.

2장
'닮음'과 '다름'의 식민주의

모든 동물은 평등하다.
그러나 어떤 동물은 다른 동물보다 더 평등하다
-조지 오웰, 《동물농장》

아담과 이브의 만남, 마누와 '마누의 딸'의 만남이 이 세상의 '빅뱅'이었듯이 모든 역사는 만남에서 비롯되었다.[7] 영국이 멀고 먼 동양과의 수줍은 만남을 기대하며 길을 떠난 것은 1601년 2월이었다.

봄이 머지않은 그날, 영국 동인도회사(The East India Company)의 상선 다섯 척은 닻을 높이 올리고 '출발'을 크게 외쳤다. '검은 황금'인 후추와, 양념의 여왕 정향(丁香)의 산지를 찾아 떠나는 조촐하지만 꿈이 수북한 항해였다.

1497년 포르투갈의 바스코 다 가마가 남아프리카의 희망봉을 돌아 인도 서해안의 캘리컷에 도착한 지 약 1세기가 지난 후였다.

2장 '닮음'과 '다름'의 식민주의 31

우연이 아닌 만남

그때, 아메리카를 발견한 스페인의 콜럼버스에 뒤질세라 바스코 다 가마를 영웅으로 띄운 포르투갈의 공적을 들은 영국의 헨리 8세는 몹시 부러워했다. "인도가 발견되었다. 그곳에서 매일 수많은 보물이 운송되어 온다. 이제부터 우리들도 노력하자." 왕위를 계승한 헨리 8세의 딸 엘리자베스 1세는 16세기 마지막 날(1599년 12월 31일), 그 얼마 전에 무역을 목적으로 설립된 동인도회사에게, 동양에서 '조용히 무역에 종사' 할 것을 당부하며 아버지의 소원이 담긴 특허장을 수여하였다. 그렇게 엘도라도, 동양을 향한 영국의 걸음마가 시작되었다.

그러나 동인도회사의 관심은 인도보다는 몰루카 제도(인도네시아)의 양념무역에 있었다. 당시 유럽에서는 먹이가 없는 겨울이 오기 전에 가축들을 모두 도살하였고, 냉장시설이 없던 그 시대 보관이 제대로 안 된 상한 고기의 냄새를 지우고 맛을 내는 데 동양에서 오는 강한 향신료가 요긴하게 쓰였다. 양념은 또 포도주를 데우는 데에도 유용하였다. 정향을 싣고 유럽에 도착한 네덜란드의 첫 상선은 무려 25배의 이익을 남겼다. 그러나 18개월의 긴 항해 끝에 몰루카에 도착해서 한몫 챙기려던 영국의 소망은 공존을 거부하는 네덜란드의 텃세에 밀려서 산산조각이 났다. 그리하여 그곳에서 멀지 않은 인도가 절망에 빠진 동인도회사의 차선으로 떠올랐다.

그러나 1606년 잔뜩 기대에 부풀어 인도 서해안에 닻을 내린 영국의 하킨스 대위는 배와 부하들을 몽땅 포르투갈 해적에게

무굴 제국의 자한기르 황제를 찾아간 동인도회사의 하킨스 대위. 이로써 동양을 향한 첫 걸음마를 시작한 영국은, 이후 상업적인 영역뿐만 아니라 인도 내부 정치에까지 손을 뻗치면서 영향력을 확대해 나가기 시작했다.

빼앗겼다. 그는 겨우 돈을 주고 구한 시종 한 명을 데리고 아그라에 있는 무굴 제국의 수도를 방문하였다. 첫 만남은 그렇게 영국의 일방적인 열세였다. 그가 만난 무굴의 자한기르(1605~28) 황제는 저 유명한 악바르 황제의 아들이자 아름다운 타지마할을 세운 샤 자한 황제의 아버지였다. 전성기를 구가했던 자한기르 황제는 술을 좋아하고 노는 것을 즐겼으며, 모든 것을 다 가지고 있는 제국의 황제답게 영국이 바라는 외국무역에 관심이 없었다. 하킨스 대위는 무려 7년 동안이나 황제의 술친구를 하는 눈물겨운 노력 끝에 무굴 정부로부터 인도와 무역을 할 수 있는 허가를 받았다.

 1612년 동인도회사는 인도 서해안의 수라트에 대망의 첫 무역사무소를 마련했다. 하킨스가 "암살을 당할까 두려워 밖을 내다보지도 못했다"고 기록할 정도로 인도 서해상에서 기득권을 누리던 포르투갈의 방해와 교란작전이 극심했지만, 영국은 수라트를 기반으로 점차 아라비아 해와 페르시아 만을 장악하고 활동 범위를 넓혀갔다. 주로 인도의 특산물을 유럽에 판매하여 이익을 얻은 동인도회사는 1639년 남동해안의 마드라스에 무역사무소를 추가로 설치했고, 1600년대 후반에는 영국의 찰스 2세와 결혼한 포르투갈의 캐서린 공주가 혼수로 가져온 봄베이의 땅과 동부 벵골 지방에 위치한 갠지스 강 하류 캘커타에도 새로운 무역사무소를 열었다.

 1700년대 중반까지 평화롭게 무역에만 종사하던 동인도회사는 점차 자신들의 상업적 이익을 지키기 위해 인도의 정치상황에 개입하게 되었다. 영국에겐 다행이었지만 인도에겐 불행하게도, 이 무렵의 인도 정치는 뚜렷한 중심 세력이 없는 혼전 양상이었다. 아우랑제브 황제 사후(1707), '왕좌에 앉을 것이냐, 무덤에 누울 것이냐'고 할 만큼 치열한 왕위 계승전이 전개되면서 제국은 내리막길을 치달았다. 이 틈을 놓치지 않은 각 지방의 실력자들은 독립적인 세력을 구축하고 무굴의 후계를 노리면서 경쟁하였다. 남부 지방의 하이데라바드 왕국, "평생을 양으로 사느니 단 하루라도 사자로 살겠다"고 호언한 '호랑이' 같은 지배자 티푸 술탄이 통치하는 마이소르, 그리고 중서부 지방에 막강한 세력을 펼치던 힌두 왕국 마라타가 가장 유력한 제국의 후보자였다.

 내우와 외환은 한 국가의 멸망에 필요하고도 충분한 조건이었다. 아픈 상처에 소금을 뿌리듯이 죽어가는 무굴 제국의 명을 재촉하는 외국의 침입이 이어졌다. 1739년 페르시아의 나디르 샤는 델리를 침략하여 무굴의 안마당을 쓰레기장으로 만들고, 타지마할보다 제작비가 많이 들어간 공작왕좌와 코이누르 다이아몬드 등 엄청난 재물을 약탈하였다. 그 뒤를 이어 아프간의 아메드 샤가 겨우 정신을 차린 무굴에 또다시 일격을 가했다. 1761년 아프간 왕국과 마라타가 무굴의 빈 자리를 두고 델리 인근에서 진검승부를 벌였고, 한때 세계에서 가장 강대했던 무굴 제국은 자존심을 구기고 그 싸움을 구경하는 처지가 되었다. 제국은 간데없고 무굴은 겨우 델리 인근을 통치하는 작은 왕국으로 전락했다. 북부의 펀자브 지방에서는 오랫동안 유랑생활을 하던 시크 집단이 세운 작은 왕국들이, 걸출한 지도자 란지트 싱을 중심으로 통합을 모색하고 있었다.

정치적 혼란은 상품의 평화로운 이동을 방해했다. 1757년 동인도회사는 "조용히 무역에만 종사"하라는 옛날 엘리자베스 여왕의 훈시를 거역하고 동부의 벵골 지방에서 한판 싸움을 벌여 정치적 입지를 마련하였다. 갠지스 강 하류의 벵골 지방은 초석과 비단의 산지였다. 특히 화약의 원료인 초석은, 당시 전쟁(오스트리아 계승전쟁과 7년전쟁 등)이 그치지 않았던 유럽에서 수요가 많았고 그래서 이익도 많은 품목이었다. 또한 이집트 파라오의 미라를 쌌던 벵골산 모슬린도 로마 시대 이래 유럽 상류층의 애물단지였다. 그러나 자급자족하는 인도인은 외제 상품에 무심하였으므로, 동인도회사는 수출은 하지 않고 수입품만 실어 날랐다. 결국 동인도회사는 영국의 부를 유출시킨다는 국내의 비난을 사게 되었고, 까다로운 조건을 부과하고 자유무역을 허용하지 않는 벵골 정부에 대한 불만도 높았다. 영국으로서는 개선이 시급한 상황이었다.

나와브〔副王〕라고 불린 벵골의 지배자는 원래 무굴 제국의 지방총독이었지만, 무굴의 세력이 지지부진했던 1740년대부터 사실상 독립적인 통치자로 행세했다. 1756년 벵골의 새 나와브가 된 20세의 시라지는 자기 허락을 받지 않고 멋대로 캘커타에 성을 축조한 동인도회사를 공격했다. 정부의 허락 없이 진행된 동인도회사의 축성공사는 벵골 정부의 주권에 대한 도전으로 간주되었다. 코끼리를 타고 출병한 나와브의 군대는 동인도회사의 아지트인 캘커타를 손쉽게 점령하였고, 포위된 성 안에서 많은 유럽인들이 더위와 허기와 싸우다가 삶의 끈을 놓고 말았다.[8]

플라시 전투에서 코끼리와 대포를 앞세운 나와브 군의 모습. 인도에게 '영원한 슬픔의 밤'이 된 이 전투 이후 동양과 서양의 기세는 180도 역전되었다.

하지만 시라지가 그 운명의 일요일에 불렀던 승리의 노래는 아주 짧았다. 그는 곧 부하의 배신과 영국의 클라이브 소령이 이끄는, 우세한 화력과 잘 훈련된 군인을 보유한 동인도회사의 군대에게 대패하였다. 약 3천 명(2천 명은 인도인 용병)의 군인으로 구성된 클라이브의 군대는 5만 명이 넘는 시라지의 군대를 가볍게 물리치고 역사의 물줄기를 영국 쪽으로 돌려놓았다.

인도에게 '영원한 슬픔의 밤'이 된 플라시 전투는 영국측 사상자가 겨우 29명, 시라지 나와브측 사상자도 5백 명이 안 되는 작은 전투였지만, 이후 동양과 서양의 기세는 180도 역전되었다. 수십 명의 유럽인을 죽인 '야만적'인 동양의 지배자 시라지에게 승리를 거둔 클라이브는 시라지의 자리에 만만한 미르 자파르를 임명하고, 엄청난 보상금과 재화를 곶감 빼가듯 마음대로 빼내갔다. 몇 년 지나지 않아 탄탄하기로 소문난 부유한 벵골 정부의 곳간은 추수를 끝낸 가을의 들판처럼 황폐해졌다.

1764년 무굴 제국으로부터 벵골 지방의 조세 징수권을 획득한 동인도회사는 작은 무역회사에서 자원이 풍부한 벵골 지방의 통치자로 바뀌었고 장차 거대하게 자랄 제국의 뿌리를 내렸다. 영국령 벵골의 초대 총독이 되어 엄청난 부와 재화를 쓸어 담은 클라이브는, 맨손의 서기(書記)에서 귀족을 살 만큼의 백만장자가 되어 귀국했다. 에드먼드 버크가 "탐욕스러운 철새, 맹금(猛禽)"이라고 불렀고, 한 영국 역사가가 "스페인의 코르테스와 피사로 시대를 사로잡았던 히스테리 이래 그 전례가 없는 황금에 대한 탐욕이 영국인의 정신을 메웠다"고 개탄할 정도로 동인도회사의 직원들은 사리사욕에 눈이 멀었다.

동인도회사는 벵골 지방의 통치가 조세 징수와 무역의 확대로 '황금알을 낳는 거위'가 될 것으로 잔뜩 기대했지만 실은 그렇지 못했다. 수천 마일 떨어진 이국에서 '노다지'를 캐기에 바빴던 동인도회사 직원들의 끝을 잴 수 없는 부정과 부패로, 직원들의 주머니는 부풀었지만 동인도회사의 재정은 엉망진창이 되었다. 1773년 영국 정부는 파산 직전의 동인도회사에게 재정적 지원을 해주고 그 대신 인도 행정에 직접 참여하기 시작하였다. 즉 조세를 징수하고 법과 질서를 유지하는 정치·행정적 분야는 영국 정부가 떠맡고, 동인도회사는 상업적인 영역만 책임지게 되었다.

비가 구름을 타고 오듯이 정치적 안정은 경제적 이익을 동반하였다. 지지부진하던 영국의 면제품 수출은 1786년 156파운드에서 1813년에는 11만 파운드로 20년 동안 무려 7백 배나 늘었다(1856년에는 630만 파운드). 그러나 동인도회사의 최대 이익은 중국에서 영국으로 수입하는 차 무역에서 나왔다.[9] '본 차이나에 담은 한 잔의 중국차를……' 영국에서 차 마시는 것이 크게 유행하자 막대한 은이 중국으로 빠져나갔다. 은 유출에 대한 국내의 비판이 거세지자 동인도회사는 벵골 지방에서 재배한 아편을 중국에 몰래 들여갔고, 이를 영국으로 가져갈 차의 구입 대금으로 처리했다. 지극히 '신사'다운 매너이자 수지가 맞는 그 삼각무역을 유지하기 위해 영국은 인도에서 헤게모니를 유지해야 했다.

부유한 벵골 지방에 기반을 둔 영국 정부는 각 지방 통치자 간의 경쟁관계를 이용하여 세력을 확대했다. 각 왕국들은 오늘의 이득을 위해 어제의 우정을 간단히 집어던졌다. 파머스턴 수상의 말처럼 영원한 우방이란 없었다. 그저 영원한 이해관계만 있을 뿐. 이웃 나라를 이기려고 영국 군대에게 응원을 요청한 지배자도 있었고, 힘을 가진 영국에게 재빨리 마음과 몸을 모두 바친 왕국도 있었다. 1799년 영국이 '눈엣가시'이자 최대 라이벌인 마이소르 왕국을 칠 때, 마이소르와 접해 있던 하이데라바드와 마라타 왕국은 가까운 적보다 먼 적인 영국을 돕기 위해 기꺼이 군대를 파견했다. 영국의 깃발 아래 각 왕국을 공격한 군인들의 대다수는 인도인 세포이(용병)였다. 그들에게 영국은 인도에서 수천 마일 떨어져 있는 먼 나라였고 아무리 빠른 배를 타도 6개월 이상 걸리는 '위험하지 않은 적'이었다.

　유럽에서 나폴레옹이 몰락을 거듭하는 동안에 동인도회사는 거침없이 '제국'을 향해 달려갔다. 자신들이 최고의 통치자라고 믿는 영국 지배자들은 우세한 화력과 훈련된 군대를 바탕으로 인도의 여러 왕국을 정복했다. 물리적으로 정복되지 않은 나라는 영국의 보호국인 '새장 안의 새'가 되었다. 세습적인 왕위를 인정받는 대신 외교권과 군사권을 영국에게 넘기고, 보호를 받는 대가로 엄청난 사례비를 지불했던 보호국의 지배자들은 새장 안에서는 자유롭지만 허공을 날 수 없는 가여운 처지였다. 영국에게 이 보호제도(subsidiary alliances)는 직접 통치하는 부담과 성가심을 덜고 왕국에 주둔하는 군사력으로 각 지배자들의 충성심을 담보로 잡을 수 있는, 그야 말로 최소의 비용으로 최대의 효과를 내는 기가 막힌 제도였다.

　1818년에는 한때 무굴 제국의 후계를 자처할 정도로 강성한 제국을 형성하고 영국을 위협하던 마라타 세력이 분열과 쇠락을 거듭하다가 막을 내림으로써, 마라타의 영토인 광대한 중서부 지방이 영국 영토에 편입되었다. 이로써 펀자브를 제외한 인도 전역이 태산이 된 영국의 그늘 아래 들어갔다. 그러나 실력자인 란지트 싱과 평화조약을 체결하여(1809) 위험을 제거한 그 펀자브도 1840년대에는 영국의 일부가 되었다. "영국의 통치가 우월하므로 더 많은 인도 영토가 영국의 직접적인 지배를 받을수록 인도인들에게 좋은 일이다"라고 여긴 젊은 달하우지 총독(1848~56)은 1850년대 많은 나라를 강제로 병합하여 제국의 몸을 불렸다.

1858년 엘리자베스 여왕으로부터 특허를 받았던 동인도회사는 빅토리아 여왕에 의해 안녕을 고하고, 인도는 영국 정부의 직접적인 통치를 받게 되었다. 영국은 이제 본국 인구의 열 배가 넘고 유럽의 면적과 비슷한 크기를 가진 인도 제국의 지배자였다. 인도는 단순히 무역의 확대나 상업 이익을 보호하는 차원이 아닌 수많은 영국의 기득권과 연결되었다.

옛날 헨리 8세가 부러워했던 그 인도는 관리를 비롯하여 영국에게 엄청난 고용 기회를 제공하였고, 중국·중동 등 제국주의적 침략에 필요한 군대의 텃밭이자 공급원이 되었으며, 또한 맨체스터에서 생산한 면직물 등 영국 상품의 거대한 시장이자 원료 공급지로서 기능했다.[10] 무엇보다도 광대한 그 땅은 야만인을 문명화할 사명, 곧 '백인의 짐'을 걸머진 영국의 이미지를 구성하는 데 더없이 유용하였다. 영국이 셰익스피어 수십 명을 주고도 인도를 포기할 수 없었던 이유가 여기에 있었다.

발가락이 닮았다

처음 만난 사람들은 먼저 닮은꼴을 가정하는 법이다. 고향은 어디이며 취미는 무엇인지, 시시콜콜한 신상명세를 취조하여 '우리'라는 공통의 영역을 찾아낸다. '아, 그래요? 나도 그런데…….' 그렇게 발견한 실낱 같은 인연은 갑자기 타인을 지인으로, 떨떠름한 낯섦을 친숙함으로 바꾸는 동아줄이 된다. 한 사회가 이질적이고 불가해한 다른 사회와 만날 때에도 사정은 똑같았다. 동양에 있는 거대한 인도 사회와 만난 서양 저편에서 온 영국도, 만남의 초기에는 두 나라의 유사성을 찾고 그 사실을 강조하는 데 온 힘을 기울였다.

무엇보다 대양처럼 넓은 인도 땅에서 자신들이 지닌 소수라는 물리적 한계를 잘 알고 있던[11] 영국은, 19세기 초반까지 인도인의 저항을 야기하지 않도록 자신들의 성공을 감추고 '가만히 가만히' 도둑의 행보를 계속하였다. 모든 것이 낯설고 물설은 나라에서 현지인의 도움을 받지 않고 지배한다는 것은 상상조차 할 수 없는 일이었다. 영국은 인도인의 협력을 얻어내기 위해서 그들의 문화를 인정하고 지배층과 친밀하게 지냈으며 겉으로는 인종적·문화적 우월성을 드러내지 않았다.

무역회사인 동인도회사의 외양을 행정적인 복장으로 갈아 입힌 워런 헤이스팅스 총독(1772~85)이 산스크리트어와 페르시아어 등 인도의 언어와 문학을 배우고 기존의 종교와 제도를 장려하면서 힌두와 무슬림 엘리트들을 후원한 것도, 실은 인도와 닮은꼴을 찾아서 통치를 용이하게 하려는 목적이었다. 즉 권력으로 행사할 지식을 찾는 과정이었다. 그는 무슬림과 힌두 엘리트의 자제를 위해 전통적인 고등교육도 장려했다. 헤이스팅스는 그 덕분에 인도학의 발전에 기여했고 '인도의 아버지' '동양의 구세주'라고 불리면서 "끝이 좋으면 다 좋다"라는 셰익스피어의 말을 실증하였다.

헤이스팅스 총독의 후원을 받으며 산스크리트어·문학·역사·철학 등 인도학을 광범위하게 연구한 윌리엄 존스(1746~94)와, 《산스크리트 문법》과 《베다에 관한 에세이》를 쓴 옥스퍼드 대학 출신의 엘리트 헨리 콜브룩(1765~1837)은 결과적으로 제1세대 오리엔탈리스트가 되었다. 그러나 그들은 순수한 학자가 아니라 식민 정부의 녹을 먹는 법률관들이었다. 한 달에 3백~5백 건의 소송을 취급하던 콜부룩과 존스는 통치를 위해 파묻히고 잊혀진 지식의 유물을 찾는 과정에서 잠자는 인도 고대문명의 비밀을 발견하였다.

"산스크리트어는…… 경이로운 구조를 가지고 있다. 그리스어보다 완벽하고 라틴어보다 어휘가 풍부하며 그리스어와 라틴어보다도 정교하다. 그러나 산스크리트어와 그리스·라틴어는 동사의 어근이나 문법의 형태가 현저하게 닮았다." 1784년에 벵골 아시아 학회(Bengal Asiatic Society)를 세우고, '인도의 셰익스피어'라고 불린 칼리다사의 산스크리트어 희곡 《샤쿤탈라》를 번역하는 등 인도학 발전에 크게 공헌한 윌리엄 존스는 가장 먼저 산스크리어와 유럽어, 나아가 인도와 유럽 사이의 인연의 실타래에 대해 언급하였다.

놀랍게도 인도와 영국은 옛날에 헤어진 한 핏줄, 사촌지간이었다. 식민정부 관리였던 18세기 오리엔탈리스트들의 연구를 계승한 막스 뮐러를 비롯한 독일 낭만주의 학자들과 인도학(印度學) 학자들은 산스크리트어와 유럽어가 인도유럽어라는 동일한 어족(語族)에 속한다는 사실을 밝혀냈다. 19세기의 학문은 동일한 언어를 쓰는 사람들을 같은 인종으로 간주했고 그래서 동일한 언어를 사용하는 영국과 인도인은 옛날 코카서스 지방에서 헤어진, 같은 혈통을 가진 아리아인의 후손임이 드러났다. 그렇게 하여 인도의 현재와 유럽의 과거는 역사의 길목에서 다시 만났고 두 나라의 닮은꼴은 바위처럼 단단한 설득력을 지니게 되었다.

그런데 그 훌륭한 아리아인의 조상을 유럽인과 공유한 인도인은 왜 열등해졌고 영국인은 왜 우수한 자질을 가지고 있는가? 왜 인도는 영국의 식민지가 되었는가? 영국은 지배를 정당화하기 위해 진화론을 바탕에 깐 실낙원 이론을 제시했다. 코카서스 지방에서 더운 인도로 이주한 아리아인은 다산(多産)의 여신과 미신을 숭배하는 인도 토착인들과 혼혈하는 과정에서 '오리지널 아리아인'의 순수성을 상실했고 그래서 타락했다. 열대의 사악한 기후도 인도에 정착한 아리아인의 퇴보에 한몫을 하였다. 그리하여 서양의 기독교와 합리주의적 세계관을 가지지 않은 인도는 우수한 아리아인의 특질을 그대로 보존한 영국(서양)의 지배를 받는 것이 당연하다는 논리였다.

이 시기에는 또 동양과 서양, 낯선 것과의 조화를 가르치는 대학이 영국과 인도에 세워졌다. 1800년 캘커타에서 문을 연 포트 윌리엄 대학과 1806년 영국에 세워진 헤일리버리 대학은 모두 인도에서 관리가 될 사람들에게 '더 잘 지배하는 법'을 가르친 이른바 훈련소였다. 포트 윌리엄 대학은 인도사·인도법·인도 언어를 비롯하여 윤리·국제법·일반역사 등 동서양의 학문을 3년 동안 가르쳤고, 산스크리트어에 뛰어난 콜부룩 등 주로 오리엔탈리스트들이 교수로 활약했다. 그리고 유명한 사립학교와 옥스퍼드와 케임브리지 대학교의 중간 형태로 졸업자의 80퍼센트가 인도 관리로 임명되었던 헤일리버리 대학에서도, 산스크리트어·페르시아어·힌두스탄어 등 동양의 언어와 《인구론》을 쓴 맬서스 등의 저명한 학자들이 유럽의 학문을 전수하여 동양과 서양을 이으려고 노력했다.[12]

　이 시대 벵골 지방을 통치한 영국 관리들의 근무 시간은 오전 9시에서 정오까지 세 시간에 불과했다. 나머지 시간은 술을 마시고 도박을 했고 시간이 남으면 또다시 술을 마시고 도박을 했다. 밤이면 춤과 노래와 여자가 곁들여진 만찬에 끼여들었다. '두 번의 몬순이 인간의 일생'이라고 할 정도로 낯선 열대는 위협적이고 불가항력적이었다. 인간의 오만과 편견은 상대적으로 키가 작았다. 이 시기의 영국인은 인도 스타일의 헐렁한 의복을 입고 인도 양념이 들어간 인도 음식을 먹었으며 인도의 여흥과 오락을 즐겼다. 사석에서는 인도인을 '검은 짐승' '냄새나는 검둥이' 또는 '더러운 것들'이라고 불렀지만 면전에서 화를 내거나 경멸감을 표시하지는 않았다.

　인도에서 영국의 입장은 오직 '전진뿐이다!'라고 제국주의자로서 강한 면모와 공격성을 과시하며 많은 영토를 확대한 웰리슬리 총독(1798~1805)도 인도 사회와 접촉하고 연계를 가져야

영국 관리들은 술을 마시고 도박을 했으며 밤이면 춤과 노래와 여자가 곁들여진 만찬에 참여했다. 낯선 열대에서 어쩔 수 없이 피지배자의 사회와 만나야 했던 그들은, 그러나 면전에서 경멸감을 표시하지는 않았다.

할 필요성을 인정하였다. 그는 "저녁이 되면 어쩔 수 없이 피지배자의 사회와 만나야 한다. 인도인들은 너무도 무식하고 건방지며 또 어리석어서 구역질이 나는 것을 참을 수가 없다. 특히 여자들은 괜찮은 얼굴이 단 하나도 없는 실정이다"라고 불평을 털어놓으면서도 국가적인 '사업'을 위해서 개인적인 감정을 다스릴 줄 알았다. 이는 수백 년 전 인도에 무굴 제국을 건설한 바부르 황제의 탄식과 대동소이했다. "인도는 언급할 만한 즐거움이 거의 없는 곳이다. 사람들은 정말 못생겼다."

인간이 사랑이라고 여기는 것을
신은 불륜이라고 부른다.
기후가 무더운 곳에서는
더욱더 그렇다.

바이런의 이 시구처럼 무더운 인도에서도 영국 남자와 인도 여자 간에 사랑인지 불륜인지 알 수 없는 알쏭달쏭한 모종의 관계가 생겨났다. 두 나라의 닮은꼴을 추구하는 데에는 숨겨진 인도 여자들의 공이 적지 않았다. 백인 여성을 구경하기가 하늘의 별 따기였던 19세기 초까지 인도에서 홀로 사는 영국 남자들은 '비비'라고 불리는 인도 현지처나 애인을 두어서 타국에서 겪는 어려움과 외로움의 날을 죽였다. 비비들은 인도에 있는 작은 영국 사회와 인도 사회를 잇는 징검다리였다. 영국인 지배자들은 동거하는 인도 여인들을 통해서 인도 사회로 건너갔고 인도에 대한 관심과 이해의 폭을 넓혔다.

19세기 초가 되자 영국의 인도 통치는 부인할 수 없는 명백한 사실이 되었다. 무굴의 계승자를 자처하며 사방에서 오랫동안 영국을 괴롭혀온 힌두 국가 마라타 왕국의 몰락이 결정적인 계기였다. 아직도 가야 할 길은 멀었지만 인도에서 영국에게 도전할 만한 강대한 세력은 더 이상 없었다. 하킨스 대위가 시종 한 명을 데리고 초라한 모습으로 아그라를 방문한 지 어언 2백 년이 흐른 뒤였다. 벵골·봄베이·마드라스 등 해안 지방에서 출발한 동인도회사의 작은 시작은, 마침내 내륙을 포함하는 대제국의 위상을 확보했다. 제국의 존속 여부에 대한 의구심이 사라지자 식민정부는 플라톤이 말한 '철학자-王'의 자세를 취했고 인도 사회를 영국식으로 바꾸는 작업에 나섰다.

　식민화와 인도 사회의 개혁을 정당화하는 갖가지 수사어에도 불구하고, 식민국 영국의 목표는 식민지 인도를 동화시켜 '동양에 거주하는 영국인'을 만들겠다는 것이었다. 말하자면 그 개혁도 영국과 인도의 닮은꼴을 추구하는 작업의 일환이었다. 다만 종전에는 영국이 인도의 눈으로 인도 사회를 파악하고 눈치를 보며 맞추려는 양상이었다면, 이젠 영국의 눈으로 인도 사회를 파악한다는 점이 달라졌다. 이제부터는 뒤쳐진 인도가 앞선 서양을 닮아야 할 운명이었다. 인도의 미신은 서양의 시퍼런 이성 앞에, 인도의 무지는 서양의 새로운 지식 앞에 무릎을 꿇어야 했다.

　식민정부는 영국 방식의 지주제와 토지의 사유 재산권을 그대로 받아들이고, 서양의 법률체제가 보증하고 유지하는 새로운 토지제도를 도입하였다. 또 새로운 법률제도와, 인도가 닮아야 할 서양의 가치체계, 그리고 진보의 비밀도 제시하였다. 사티·여아 살해·인간희생·노약자의 고려장·홀어미에 대한 박해 등 서양의 인도주의적인 가치와 충돌하는 사회관습에 대한 개혁, 즉 영국을 닮은 인도 만들기가 추진되었다.

그 중 영국이 가장 애를 태우고 가장 많은 힘을 투자한 것은 연 수천 명의 목숨을 앗아가는 강도 집단 터기의 일소였다. 여신 칼리를 숭배하면서 심청이처럼 인간(남자)을 희생(犧牲)으로 바친 터기의 존재는, 어떤 점에서 식민정부의 권위를 측정하는 잣대였다. 풍토병처럼 한 지방에 만연하다가 유행성 전염병처럼 중부 지방으로 퍼진 터기 집단은 혼란한 시대를 마감하고 새 시대를 여는 백인 통치의 정당성을 위해서 반드시 사라져야 할 대상이었다. 벤팅크 총독 시대의 끈질긴 소탕작전으로, "내가 야생동물처럼 사냥했던 사람들이 이제 길들여졌다"고 한 중부 지방 말콤 총독의 말대로 터기 집단은 소탕되었고 영국 방식의 법과 질서가 자리를 잡았다.

"유럽 도서관에 있는 한 서가의 책이 인도와 아랍에 존재하는 모든 문학을 합친 것보다 더 훌륭하다."

"이 세상에서 모든 좋은 것들은 서양에서 기원한다."

이처럼 낯빛 하나 바꾸지 않고 동양 문화의 열등성을 간단명료하게 정의한 영국 지배자들은 '인도인을 가르치기 위해서 정복했다'는 오만한 자세를 견지하면서, 위대한 문명을 전파할 자신들의 '도덕적 책무'와 궁극적인 '이성의 승리'에 대해서 언급했다. 19세기 전반에 맹활약한 공리주의자들과 복음주의자들의 눈에 비친 인도는 우상숭배와 미신, 그리고 수많은 악습의 나락에 빠진 구제불능의 나라였다.

  1813년 식민정부는 인도인의 심기를 건드리지 않기 위해 금지하였던 기독교 선교사의 인도 입국을 허용하였다. 숙원을 해결한 복음주의자들은 지옥의 나락에 떨어지게 될 수억의 이교도 인도인으로부터 뿌연 미신의 안개를 걷어내고 '복음'을 전해주는 것이 신의 뜻이자 자신들의 의무라고 생각했다. 오직 기독교만 진짜 종교일 뿐이며 다른 종교들은 모두 가짜라고 여긴 대표적인 복음주의자 윌리엄 윌버퍼스와 찰스 그랜트는, 선진적인 서양의 기독교가 전하는 '빛과 진리'가 결국은 야만적인 인도를 구원할 것이라고 굳게 믿었다.

  또한 "역사는 무한히 진보한다"면서 진보를 목숨처럼 신봉하고 "최대 다수의 최대 행복"을 외친 벤담의 세례를 받은 제임스 밀과 벤팅크 총독을 비롯한 공리주의자들은, 인도의 땅에 서양의 계몽주의와 이성의 씨앗을 심어서 그 열매를 따내야 한다고 여겼다. 즉 인도인의 행복이 영국인의 행복이었다. 공리주의자와 복음주의자들은 추구하는 목적은 서로 달랐지만 교육, 특히 영어교육이 인도의 미신과 악습을 제거할 수 있는 만병통치약이며 '모든 발전의 요소'라는 결론에는 합의했다.

  인도에서 영어와 서양교육의 실시를 강력하게 주장한 총독내각의 법무장관이자 역사가인 토마스 배빙턴 매컬레이는 "문명국과 교역을 하는 것이 야만인을 다스리는 것보다 훨씬 이익이다"라고 식민지를 우습게 여긴 인물이었다. 그러나 그는 "영어로 교육을 받은 그 어떤 힌두도 자신의 종교를 신실하게 지키지는 못할 것이다……. 우리의 교육계획이 실천에 옮겨지고

30년 정도가 지나면 존경을 받는 벵골인 중에서 단 한 명의 우상숭배자도 찾아볼 수 없으리라는 것이 나의 확고한 믿음이다"[13]라고 영어교육의 효과를 긍정적으로 전망하였다. 그는 영어교육을 받은 야만인들이 머지않아서 신심 가득한 갈색의 기독교인, 갈색 피부의 영국인이 될 것이라고 굳게 믿었다.

그 말은 영어와 서구의 교육을 받은 인도인들이 비록 '피부와 혈통은 인도인이지만 견해와 감각, 그리고 도덕과 지성 면에서는 영국인'이 될 것이라는 '닮은꼴'에 대한 낙관적 신뢰에 근거를 두었다. 1835년에는 그 신뢰를 바탕으로 영어가 무굴시대의 페르시아어를 대신해서 식민정부의 공식어로 채택되었고, 영어와 서양의 지식을 가르칠 새로운 학교와 대학이 비온 뒤의 죽순처럼 줄을 이어 생겨났다.

그러면서 열대의 '황무지'에 '비싼' 영국인을 무작정 실어올 수 없었던 영국의 고민도 해결되었다. 식민정부를 돕고 소수의 백인과 다수의 인도 사회를 연계하면서 식민정부의 말단을 장식할 '값싼' 인도인이 필요했던 것이다. 1844년 영어를 아는 인도인에게는 관직 임용에 우선권을 주겠다고 한 정부의 발표는, 서구교육의 유행과 확산에 불을 지른 도화선이 되었다. '구직'이라는 현실적인 목적을 위해 새로 설립된 학교와 대학에 들어간 인도의 젊은이들은, 너른 대양과 넓은 대륙을 뛰어넘어서 서양의 사상과 가치와 만나게 되었다.

'개와 인도인은 출입금지'

　19세기 중반으로 접어들자 영국은 동양에다 또 다른 영국을 건설하려는 시도가 환상이라는 걸 깨달았다. 식민화 과정이 빠르게 진행되고 영국이 부과한 식민화에 동조·동화하는 갈색의 '영국 신사'가 늘어가면서 지배자들은 '말할 수 없는' 위기감을 느꼈고, 지배자로서 자기 정의를 내려야 할 필요성을 절감하였다. 인도인은 영국이 도입한 식민교육을 수동적으로 받아들이지 않았다. 키플링이 '검은 원숭이'라고 경멸한 그들은 원숭이처럼 재빠르게, 그리고 적극적으로 영어와 영국의 사상을 배우고 익혔으며, 그에 걸맞는 백인 지배자와 대등한 위상과 권리를 요구했다.
　"바부(지식인)들은⋯⋯ 외국어에는 능수능란하지만 모국어에는 적대적이다"라고 자아비판을 하는 사람이 생길 정도로 인도인은 지배자의 언어에 능통하였다. 그들은 영국인과 거의 흡사하고 때로 (배우지 못한) 영국인보다 우수한 능력을 내보이면서, 영국의 인도 통치가 운명이며 하늘의 뜻이라는 식민주의 신화에 은근하게 도전하였다. 새 교육을 받은 그들은 자신들에게 '기회의 문'을 활짝 개방하고 자치를 허용하도록 식민정부에 압력을 넣었다. 그러나 영국의 눈에 비친 그들은 영국인이 아니었고 그렇다고 진정한 인도인도 아니었다.
　배운 인도인은 영국인에 못지않게 영어를 잘했으며 백인 지배자처럼 합리적으로 생각하고 행동했다. 그러나 밀과 콩트, 셰익스피어와 초서의 작품을 읽고 영자신문을 편집하며 재판정에

교육받은 인도의 중산층 가정. 교육받은 인도인들은 지배국인 영국과 '닮음'을 추구하며 열등성을 부정했다. 그러나 영국은 막상 자신들과 가장 닮은 계층인 이들을 영국과 가장 다르다고 거부했다.

서 중대한 판결을 내리는 그 세련된 인도인들은, 거리에서 만나는 모든 백인 지배자들에게 머리를 조아렸다. 영국인과 마주치면 타고 가던 말에서 재빨리 내렸고 비 오는 거리에선 우산을 접었다. 백인의 집에 들어갈 때는 문밖에 신발을 벗어두고 맨발의 청춘이 되었다. 그들이 신발을 벗어두고 넘는 지배자의 문지방은 백인과 인도인 사이의 슬픈 경계였다. 인도인은 그 경계를 뛰어넘으려고 했지만 백인 지배자는 평등을 요구하는 인도인의 도전에 경악했다. 백인 지배자들에게 '검은' 그들은 '참호'가 아닌 후방 저 어딘가에 엎드려 있어야 할 종속적인 존재였다.

영국 지배자는 자신을 닮은 식민화된 인도인을 대등하게 인정하고 자신들이 오랫동안 누려온 기득권을 나누어 줄 생각이 조금도 없었다.

"개화시키고 자유의 이점과 유럽 과학의 이용을 가르친 뒤에 어떻게 우리에게 종속시킨다는 말인가? 어떻게 우리가 고위직을 독점하는 것을 설득할 수 있겠는가?"

1859년에 두란드 리얄이 토로한 고민은 모든 영국 지배자의 고민이었다. 영어를 가르치는 학교와 대학은 몬순기의 강물처럼 빠르게 불어나 1881년에는 영어로 가르치는 중등학교가 이미 2천 개를 돌파했고, 15만 명의 재학생이 그곳에서 서양을 만나고 영국을 배웠다. 애덤 스미스의 《국부론》과 밀의 《자유론》을 배우는 문과대학의 재학생도 5천 4백 명을 넘어섰다.[14] 서구 교육을 받은 인도인의 존재는 하늘에 있는 태양처럼 변할 수 없는 엄연한 현실이었다.

그러나 그 인도인들은 백인이나 지배자가 아니었고 그래서 후방에 버려졌다. "대학 졸업식에서 상을 받은 젊은이들이 봉급이 적은 자리에 (원서를) 접수하거나 사무실마다 부서마다 구걸하듯이 일자리를 찾아 헤매는 것을 보면 정말 가슴이 아프다"라고 벵골 주의 부지사를 지낸 한 영국인은 쓰라린 양심을 털어놓았다. 또 이 시대 인도가 낳은 최고의 웅변가 다다바이 나오로지는 "매년 대학문을 나서는 수천 명의 졸업자가 이상한 상황에 처하고 있다. 모국에 그들을 위한 일자리가 없는 것이다. (그들은) 거리에서 구걸을 하거나 돌을 깨야 한다. 유럽인은 여기를 떠나서 자기들의 나라로 돌아가야 한다……"라고 소리 높여 요구했다.

> 청소부와 짐꾼, 그리고 물을 배달할 인부 모집.
> 응모자는 반드시 대입 자격시험에 통과한, 교육을 받은 벵골인 바부여야 함.
> (벵골인) 부군수 경험자는 우대.

"얼마나 많은 대학 졸업자들이 실업자로 지내는가? 가장 행운이 있는 사람도 겨우 말단 서기로 직장 생활을 시작한다. 그러나 영국인을 보라. 그들의 첫 직책은 부판사나 조세 징수관이다. 양쪽 다 열심히 공부를 했건만 그 차이는 얼마나 큰가?" 교육을 받은 지식인, 특히 배운 벵골인에 대한 지배자의 조롱과 경멸, 그리고 부당한 차별은 19세기 말에 등장한 위 신문 광고와 기고문에서 적나라하게 드러난다.[15] 영어를 배운 인도인은 후방에 있는 종속적인 존재가 아니라 전방에서 영국인을 위협

백인 지배자와 인도인의 관계를 풍자한 그림. 식민지 인도와 닮은꼴을 추구하던 영국은, 이제 지배자와 식민지인 간에 엄격한 경계선을 긋고 적정한 거리를 유지하려고 하였다.

하는 당당한 경쟁자로 등장했다. '인도인을 가르치지 말자'는 표명되지 않은 결론이 내려졌고, 1882년의 교육개혁은 고등교육을 대부분 민간인에게 떠넘기고 대학교육에서 정부의 은퇴를 기정사실화했다.

식민정책에 내재하는 모순이 영국을 옭아매었다. 식민화를 추구하면 할수록, 두 나라의 닮은꼴을 강조하면 할수록 인도에서 영국의 입지는 불안하고 좁아졌다. 결국 그들이 그렇게 자랑하던 '문명화의 사명'은 이루어질 수 없는 목표였다. 1858년 인도가 영국 정부의 직접적인 통치를 받게 되었을 때 인도의 수장을 겸하게 된 영국의 빅토리아 여왕은 "임무를 수행할 수 있는 교육과 능력, 그리고 고결성을 갖춘 나의 백성은 누구라도 신앙과 인종과 관계없이 우리 관직에 자유롭게 차별 없이 고용될 것이다"라고 지키기 어려운 장밋빛 약속을 내걸었다.

이론적으로 식민국에 동화되고 백인 지배자를 닮은 인도인을, 피부가 검다고 또 기독교인이 아니라고 차별할 수는 없었다. 그러나 "제국을 유지하기 위해서는 이 광대한 제국의 정부를 유럽인의 손에 두는 것이 절대적으로 필요하다"는 랜스도운 총독의 솔직한 고백처럼, 소수의 백인(식민정부의 '꽃'인 문관〔文官〕은 겨우 1천여 명이었고 거의 백인이었다)으로 구성된 식민정부에 다수의 인도인을 참여시키는 것은, '자신의 목에다 칼을 들이대는' 위험천만한 자살 행위였다.

더욱이 1857년 세포이의 반란을 필두로 이어진 인도인의 무서운 저항을 14개월이나 경험한 영국은 '우리'와 '그들'의 경계가 필요함을 절실하게 느꼈다. 잔인한 '죽고 죽이기'였던 그

기간 동안 백인들은 자신들이 얼마나 수(數)적으로 열세인지 절실히 깨달았다. 그들이 자랑하던 권위의 세계와 의기양양하게 추구하던 닮은꼴—기독교화, 사회개혁, 새로운 교육과 토지제도 등—은 하루 아침에 미명처럼 희미해졌고, 자신과 발가락이 닮았다고 믿은 어제의 부하들과 하인들은 하루 아침에 등을 돌려 타인이 되었다. "세포이는 단 한 놈도 살려주지 않겠다!" 영국의 니일 장군의 발언과 이어진 반란자에 대한 잔인한 보복은 영국의 손상된 사기를 나타내는 지표였다.

식민지 인도와 심리적으로 정치적으로 '닮은꼴'을 추구한 것이 식민주의 자체를 위협하자, 영국은 무엇보다 종전에 장려하던 두 나라 간의 연계성을 인정할 수가 없었다. "우리는 절대로 같지 않다!" 지배국 영국은 지배를 받는 인도와 본질적으로 '다르다'는 대체 이념을 마련해야 했다. 그 결과 등장한 것이 19세기 생물학적 결정론에 근거를 둔 인종적 차별주의였다. 곧 E. M. 포스터의 《인도로 가는 길》에서 튜튼이 말한, "영국인과 인도인이 사회적으로 친밀해지는 것보다 더 큰 재앙은 없을 것이다"라는 반응이 나타났다.[16]

영국은 지배자 '우리'와 식민지인 '그들' 간에 엄격한 경계선을 긋고 자기들의 이미지와 인도인의 이미지를 새롭게 구성했다. 이제 '인류의 실험실'이라고 부르면서 인도인을 영국식으로 개조하여 갈색 기독교인으로 만들겠다는, 19세기 초반에 난무했던 낭만적인 야망은 접어들였다. 공립학교의 성경시간도 사라졌다. 1878년 서북 변경 주의 부지사 조지 쿠퍼는 "우리는 모두가 알고 있다. 흑인이 백인이 아니라는 사실을. 이제 흑인을 백인이라고 부르는 것을 중지해야 한다"고 솔직하게 '과오'를 인정했다. 인도인을 '영국인처럼 대우한 것'이 문제였으며 지배자와 피지배자 간에 적정한 거리를 유지하는 것이 바람직하다는 결론이었다.

> 오, 동양은 동양이고 서양은 서양이니
> 그 둘은 결코 서로 만날 수 없는 쌍둥이.
> 땅과 하늘이 신의 심판대에 설 때까지.

키플링의 시 '동과 서의 발라드'는 세상이 끝나기 전에는 결코 가까워질 수 없는, 영국이 인도에 대해 갖고 있는 멀고 먼 사회·심리적 거리를 잘 보여준다. 검은 피부를 가진 야만적인 인도인과 거리를 유지하는 것만이, 백인의 자아와 순수성을 보호하는 안전한 방법이었다. 영국은 이 거리감을 지키기 위해 영어로 교육을 받은 인도인들이 추구하는 자신들과의 닮은꼴을 교묘히 부인하는 한편, 영국을 배우고 모방하는 사람들에게 '검은 원숭이'라는 경멸을 퍼부었다. 언제는 닮으라고 야단을 떨더니 이제는 닮았다고 비난하였다.

특히 영국의 초기 거점으로 식민화가 가장 빨리 진행되어 그 닮은꼴을 바탕으로 식민정부에 가장 많은 것을 요구한 벵골의 지식인들이 백인으로부터 가장 심한 차별과 모멸을 받았다. 영국인들은 이들이 '여우에게서 교활함을, 개에게서 아부와 오만을, 양에게서 비겁함을, 원숭이에게서 모방성을' 배웠다고 비난하였다. 캘커타 대학교의 첫 졸업생으로서 식민정부에서 비교적 높은 관리를 역임하며 많은 소설을 썼던 뱅킴 찬드라 차터르지(1838~94)의 다음 글은, 이 시대 벵골인들이 영국 지배자로부터 받은 차별의 정도를 잘 예시한다.

> 19세기 지구상에 특이한 종류의 동물이 새로 발견되었다. 그것은 근대 벵골인으로 알려졌다. 동물학자들은 신중한 조사를 마친 후에 이 새로운 종(種)이 호모 사피엔스의 모든 외형적인 특질을 가지고 있다고 결론지었다. 손에는 다섯 개의 손가락이 있고 발도 가지고 있으며 꼬리는 없다. 뼈와 두개골의 구조는 양손을 쓰는 포유동물과 같다. 그러나 그 본성에 대해서는 비교할 수 있는 정확한 사항이 없다. 어떤 학자들은 그 종의 본성이 인간과 닮았다고 말했지만, 또 다른 학자들은 외양만 인간일 뿐 그 본성은 짐승에 가깝다고 주장했다…….

지배자와 피지배자의 사회적 틈새를 벌린 공범은 아무래도 19세기 중반 인도에 모습을 드러낸 영국 여성일 것이다. 백마를 탄 왕자를 낚기 위해 수개월 동안 '낚싯배'를 타고 멀리 남아프리카의 희망봉을 돌아 허위허위 찾아온 백인 여성들은, 백인 남자들의 숨겨진 '흑인' 여자들을 하나 둘씩 밀어내고 '안방'을 차지했다. 그와 함께 영국과 인도 사이에 자리했던 친밀한 공간은 적대감으로 메워졌다. 고단한 일과를 마감한 영국 남성들은 타국에서 외롭게 지내는 아내와 저녁시간을 보내면서, 점차 인도 여인과 그 여인 너머의 인도 사회와 멀어졌다.

백인 여자들은 무엇보다도 남편들이 밤의 문화 속에서 만나는, 노래하고 춤추는 인도 여자를 질투했다. 빅토리아 시대의 스타일 그대로 머리에서 발끝까지 꽁꽁 싸맨 영국 '숙녀들'은, 속이 훤히 비치는 옷을 입은 그네들을 천박한 요물이라고 헐뜯었고 기독교 선교사들도 이에 가세했다. 결국 식민정부는 일체의 공식적인 행사에 인도 여자들을 부르지 않는다는 결정을 내렸고, 이로써 두 나라를 연결하던 가느다란 사회적 끈은 저녁 하늘에 흩어지는 연기처럼 사라졌다. 1869년 스웨즈 운하가 개통되어 본국과 인도의 물리적 거리가 단축되면서 더 많은 백인 가족이 인도의 '남자'에게 합류했고 지배자와 피지배자 간의 사회·심리적 간격은 더욱 벌어졌다.

> 오 정신 나간 나리, 15년이나 내 딸을 데리고 놀고는
> 이제 귀국 휴가를 가시는구려, 나리.
> 당신이 타고 가시는 배가 뒤집어져서
> 물 속에 가라앉으시기를, 나리.

"나를 버리고 가시는 님은 십 리도 못 가서 발병이 난다"보다 더한 악담을 퍼부어도 백인 남자들은 떠나갔다. 결혼이 여성의 유일한 직업이며 목표이던 당시, 타국의 집안에 갇혀 지낸 문명국의 여성들은 인도에 대한 증오심에 물을 주고 꽃을 피웠다. 백인 여성들은 더럽고 야만적인 인도의 모든 것을 싫어했다. '날씨를 싫어했고 음식을 싫어했으며 사람들을 싫어했다.'

1827년의 기록을 보면, 인도에서 생산된 것 — 모슬린, 실크, 면 제품, 꽃, 장신구 — 을 사용하는 사람은 백인 사회에서 저속한 취향이라고 멸시를 당했다. 그 물건이 아무리 예뻐도 마찬가지였다. 유럽 여성들은 그 제품들이 "인도인을 위한 것만 아니라면 얼마나 좋을까?"라고 몹시 아쉬워했다.[17]

그렇게 하여 거대한 인도 대륙에는 백인의 호수가 생겼고 그 주위에는 오만과 편견의 울타리가 단단히 둘러쳐졌다. 꼬불꼬불하고 복작거리는 인도인의 거주지와 멀리 떨어진 도시의 교외에는 '시빌라인(Civil Line)'이라고 불리는, 넓게 쭉 뻗은 도로와 아름다운 정원을 가진 방갈로들이 죽 늘어섰다. 영국인은 백인 전용 클럽에서 자기들끼리 스카치 위스키를 마시고 트럼프를 즐겼으며 무도회를 열었다. 간디가 남아프리카에서 경험했듯이, 갈색의 '영국 신사'들은 일자무식의 영국 졸병이나 장사꾼에 의해 빈 담뱃갑처럼 구겨져 열차 밖으로 내동댕이쳐졌다.

"이제 너희들과는 함께 놀지 않겠어. 너희들과는 안 놀아!" 윌리엄 골딩의 《파리대왕》에서 잭이 랠프에게 내뱉은 이 말은 바로 영국인이 인도인에게 던진 말이었다. 야만인을 통치하는 우수한 백인종은 점차 짐승을 사냥하는 야만적인 잭이 되었고, 이성에 기반을 두었다는 서양이 가장 비이성적인 태도를 유감없이 드러냈다. 1876년 인도를 방문한 웨일스 왕자가 "저렇게 경멸하는 지배자라면 나도 자유를 열망하겠다"라고 논평할 정도로 인도인에 대한 백인 지배자의 차별은 극심했다.

식민화의 포기 없이 진행된 피지배자에 대한 차별은 지배자의 우월성에 그 기반을 두었다. 그러나 좀더 자세하게 보면 그

방갈로 앞에 앉은 영국 관리들의 모습. 복작거리는 인도인의 거주지와 멀리 떨어진 교외에는 아름다운 정원을 가진 영국인들의 방갈로들이 죽 늘어섰다.

저변에는 깊은 두려움이 자리해 있었다. 1885년 듀퍼린 인도 총독이 런던의 인도 담당 장관에게 보낸 편지에는 제국의 수레바퀴에 낀 영국이 인도에 대해 가지고 있던 딜레마와 두려움이 진하게 묻어난다. "벵골인 바부들이 (우리를) 가장 짜증나게 만들고 문제를 일으키는 사람들이라는 사실은 저도 예전부터 잘 알고 있었습니다. 우리가 그들을 두려워한다는 사실을 절대로 보여주어서는 안 된다는 장관의 말씀에 저도 전적으로 동의합니다. 그들에게는 켈트족이 지닌 심술궂음과 교활함, 그리고 생명력이 있습니다……."[18]

 이는 제국이 '크면 클수록 좋다'는 입장을 견지하면서 온갖 명목으로 수많은 왕국을 영국 영토에 병합했던 1850년대 달하우지 총독의 오만방자한 입장이나, 1878년 〈타임스〉에 실린 "인도에서 영국의 통치는 인도인이 황량하고 폭력적인 땅에서 평화롭고 질서 있는 땅으로 건너가는 거대한 다리〔橋〕"라는 글에서 풍기는 낙관적인 분위기와 영 딴판이었다. 캘커타 시내의 백인 전용 클럽 입구에 세워진 '개와 인도인은 출입금지'라는 팻말은 인도에 대한 영국의 불신과 차별을 상징했지만, 사실 이는 두려움의 징표였다.

3장
상상 속의 성

진정한 적이 없이
진정한 친구는 있을 수 없다.
우리가 아닌 것을 증오하지 않고
우리를 사랑할 수는 없다.
- 마이클 딥딘, 《죽은 개펄》

성(性)의 개념은, 인도의 거세지는 정치적 요구와 닮은꼴에 대한 추구에 부담과 두려움을 느낀 영국이, 인도와 자신과의 차별성을 강조한 하나의 방식이었다. 영국은 남성적이었고 인도는 여성적이었다. '남성다움(Masculinity)'은 남성의 지배를 정당화하고 당연시하는 이념이었다.[19] 빅토리아 시대의 가부장적 사회와 과도한 남성다움의 이념이 그대로 반영된 식민지 인도에서 움직이는 존재는 모두 용감한 백인 남자들이었다. 사실 낯설고 먼 이국에서 제국을 건설하고 수호하는 임무를 떠맡은 군대조직과 그 제국을 관리하고 다스리는 행정조직에는 연약한 여성이 낄 여지가 없었다.

《산호섬》이나 《로빈슨 크루소》, 《파리대왕》과 같은 영국 모험소설의 주인공들처럼, 위험으로 점철된 제국의 경영은 모두 남자들의 일이었다. 영화 〈라이언 일병 구하기〉에서도 보이듯이 전쟁과 용기, 그리고 애국적인 행동은 언제나 남성의 전유물이 아니던가. 집안의 보배인 여성은 구해낼 만한 가치가 있는 라이언 일병을 낳은 어머니와, 그가 구할 만한 인물이 될 수 있도록 평생 옆에서 돕고 보살핀 아내로서 잠깐 등장할 뿐, 역사의 현장에 낄 자격은 없었다. 왕이 아니라 왕비, 그리고 변호사가 아니라 변호사의 아내가 여성의 몫이었다.

    백인의 짐을 떠맡자.
    최고의 혈통을 보내자.
    그대의 아들들을 타국으로 보내자.
    (우리에게) 사로잡힌 자들의 필요에 부응하기 위해서.

찌는 듯한 열기와 사방을 분칠하는 먼지, 그리고 이름 모를 무수한 질병으로 뒤덮인 위험한 식민지 인도에서, 제국의 이념으로 단단히 무장하고 가죽처럼 질긴 강건한 신체를 바탕으로 야만인을 문명화할 막대한 책임을 떠맡은 사람들은 당연히 남성이었다. 그것이 바로 《로빈슨 크루소》의 주인공 프라이데이가 떠맡았고 키플링이 노래한 '백인의 짐'이었다. 그러나 그들의 정체는 런던의 템스 강가에 부리려고 수많은 것들을 인도 갠지스 강가에서 악착같이 거두어간 제국주의의 하수인이었다.

너는 여자, 나는 남자

식민지를 지배하는 역동적인 주인공이 남성이라면, 그 지배를 받는 엑스트라들은 나약한 여성이었다. 특히 죽음의 숨결이 저격병처럼 숨어 있는 낯선 제국의 현장은 남성다움을 소유한 남자들이 자기의 능력을 시험할 수 있는 좋은 무대였다. 앞에서 말한 것처럼 정체성은 다른 사람의 시선, 즉 자기가 아닌 존재로부터 자기를 확인하는 것에 기초한다. 동양과 서양, 지배자와 피지배자, 그리고 남성과 여성 등처럼. 지배자 영국은 열등한 식민지인과 구별되는 우수한 지배자상을 그려야 했고, 그 결과 여성적인 식민지인이 남성다운 영국인의 타자로 설정되었다.

빅토리아 시대의 성의 개념은 남성과 여성이 생물학적으로 차이가 있다는 사실에 기초했다. 남성은 선천적으로 여성보다 우수하게 태어난 존재였다. 남성의 두뇌는 여성이나 비유럽인(비코카서스인)의 두뇌보다 컸고 그 차이는 곧 능력의 차이였다. 《벌거벗은 원숭이》가 말해주듯이 남성이 여성보다 우수한 것 또한 진화의 법칙이었다. 남성이 지닌 공격성은 아득한 옛날 큰 동물을 사냥하기 위한 결정의 산물이었다. 즉 남자는 사냥을 하고 여성은 집에서 아이를 돌보는 성의 분업이, 능동적이며 바깥일에 적합한 남성과 집안일에 종사하는 수동적인 여성으로 진화되었다는 것이다.

서양의 전통은 늘 여성을 연약하고 수동적이며 감성적인 존재로 파악한 반면, 남성은 강하고 능동적이며 이성적인 존재라고 파악했다. 계몽주의 시대 이래 이성은 언제나 감성보다 우월하게 여겨졌다. 이러한 남성과 여성의 본질적인 차이는 상이한 행동 패턴을 낳아, 이성적인 남성은 바깥일을 하고 감성적인 여성은 가정을 돌보는 분업으로 연결되었다. 서문에서 인용한 테니슨의 "남성은 태양이고 여성은 달"이라는 시구에서 태양은 이성을 상징하는 반면 '달'은 변화무쌍하고 감성적인 여성을 상징한다. 이른바 "사랑은 여성의 소명(Schlegel)"이라는 말도 여성이 정서적이고 비이성적인 존재라는 의미에 지나지 않았으며, 또한 여성은 "선천적인 하인"이며 "봉사하길 원하고 거기에서 행복을 찾는다"라는 니체의 주장이나, "여성이 물이라면 남성은 와인"이라고 읊은 테니슨의 이어진 시구도 남성보다 열등한 여성을 알리는 표현이었다.

"남자처럼 행동하는 여자를 위한 변명은 있을 수가 없다. 여성이 있어야 할 적절한 장소는 행동의 영역이 아닌 정서의 영역이다. (여성이 지닌) 최고의 의무는 고통을 받고 침착성을 유지하며 다른 이의 존재 속에서 사는 것이다."

영국 여성인 사라 엘리스는 1842년에 쓴 《영국의 딸들》에서 그렇게 말했다.[20] 또 1900년대 초 영국의 한 여자 노동자(인쇄공)는 "나는 내가 있어야 할 곳을 알고 있다. (나는) 남자들의 일을 빼앗지 않을 것이다"라고 시인했다. 두 영국 여성의 발언은 남성과 여성이 다른 일을 하였다는 사실을 증명하는 동시에, 여성이 자기에게 부과된 제약을 넘어설 수 없었던 19세기 영국의 시대상을 잘 반영하고 있다.[21] 당시 영국 사회에서 기대하고 수용되는 여성의 역할은 결국 영국 지배자들이 피지배자 인도인에게 부과한 역할과 비슷하였다.[22] 생물학과 진화론이 증명한 열등한 여성과 비코카서스인은, 저 '후방'에서 남성다운 존재의 보호를 받는 종속적인 존재였다.

지배자의 우수성과 피지배자의 열등성을 강조한 이러한 성의 구분은 인도인을 남성다운 영국인과 극렬하게 대비되는 여성적인 존재로 정의·격하하였다. 영국의 인도 통치는 그 남성다운 지배자의 당연한 권리였다. 19세기 영국인은 "자신들이 다른 나라 사람들보다 다섯 배 빨리 여행하므로 다섯 배 더 행복하다"고 생각한 순진한 진보의 신봉자였다. 그들에게 행복은 선착순이자 속도순이었다. 그것이 살아 남은 자를 위한 노래였고 적자생존의 법칙이었다. 그 과정에서 남성의 합리성과 통제·극기·자기 수련 등을 우세한 자질로 여기는 한편, 연약하고 여성적인 측면은 오염적이고 반사회적인 자질로 평가절하되었다.

남성다움은 오직 능력 있는 지배국의 남자들만 소유한 뛰어난 자질로 간주되었다. 영국 사립학교(public school) 출신의 '젠틀맨'이 소지한 강하고 질긴 남성다움은 게으른 인도인에게서는 도저히 찾아볼 수 없는 특질이었다. 나폴레옹을 패배시켜 명성을 드높인 영국의 웰링턴 공작이 "워털루 전투는 이튼학교의 운동장에서 승리했다"고 한 말은 사립학교 출신이 소지한 남성다움에 대한 칭송이었다.

끊임없이 남자다움을 추구해야 하는 지배자의 비애를 그린 조지 오웰의 단편소설 〈코끼리 사냥(Shooting an Elephant)〉이 시사하듯이 식민지인을 여성적인 타자로 인식한 영국인은 점점 더 남성다움에 집착하였다.

> 푸른 하늘 아래
> 게으른 힌두가
> 하루 종일 누워 있네.
> 야심찬 계획을 비웃고
> 높은 꿈을 꾸지 않으면서
> 그의 시선은 땅을 향한다.

1891년 영국에서 초연된 뮤지컬 〈춤추는 소녀(The Nauch Girl)〉의 개막 합창은 우리의 기생과 유사한, 춤을 추고 노래하던 무희(舞姬)를 경멸하는 내용이었지만, 그 속에는 그런 악습을 가진 나약한 인도인에 대한 비난과 경멸이 가득 담겨 있었다.[23] 이상한 이름을 가지고 이상한 옷을 걸친 이상한 나라의 인도인은 운명론에 빠진 별 볼일 없는 사람들이라는 뜻이었다. 《오리엔탈 비망록》을 쓴 포브스도 인도인을 "날이면 날마다, 달이면 달마다…… 과거를 반추하거나 미래에 대한 설계 없이 그저 베텔 잎(마취 성분이 있는 풀)이나 씹는" 사람들로 묘사했다. 그 무력한 사람들은 씩씩하고 역동적인 '남성'의 통치를 받는 것이 마땅했다.

에드워드 사이드 교수가 말한 대로 동양은 언제나 '여성적' 인 존재로 그려졌고 모든 식민지도 비슷한 존재였다.[24] 정복자와 지배자만이 유일한 남성이자 지적인 주체라는 인식은 데카

르트 시대 이후 서양 사상의 일관된 흐름이었다.[25] 남성은 권력과 부를 다투고 공적인 영역에 능동적으로 참여하지만 여성은 남편과 아이를 돌보고 집안의 천사로 살아간다는 성 역할 구분은, 식민지 인도에도 예외 없이 적용되었다. 유럽인이 인도에 침투하던 초기부터 인도인은 늘 '게으르고 나태한', 내일에 대한 희망이라곤 전혀 찾아볼 수 없는 수동적인 사람들로 묘사되었다.

 제임스 밀이나 벤팅크 총독 등 인도에 거주한 영국 지배자들은, 인도인을 늘 "약하고 겁이 많은 작은 몸집의 사람들"로 이해했다. 인도학을 후원한 헤이스팅스 총독도 개인적으로는 인도인을 동물적인 기능만 하는 '어린애'라고 여겼다. "인도에서는 모든 것이 순식간이다. 갑작스러운 황혼, 갑작스러운 죽음. 아침식사 시간에 말을 주고받던 사람이 오후에 죽을 수도 있다. 이렇게 살아가야 한다." 영국인이 인도에서 겪는 찌는 듯한 더위와 수많은 질병, 그리고 그로 인한 죽음의 위험성은, 남성다운 영국이 여성적인 인도와 만나면서 느끼는 유혹적이며 관능적인 위험성과 연계되었다.[26]

 영국인은 열대지방인 인도를 질병과 성(sex)이 번성하는 곳으로 여겼다. 인도군 총사령관은 "인도는 성과 질병, 타락이 서로 연계된 나라"이고 그것이 바로 여성의 육체 위에 새겨져 있다고 말했다. 그래서 그는 군인들에게 인도 여성은 여염집 여자나 매춘부 할 것 없이 모두 성병에 감염되었다고 경고하면서, 아시아 여성에게 감염된 성병은 영국에서 감염된 것보다 "훨씬 독하고 치명적"이라고 충고하였다. 우수한 인종의 남성성을 보

인도의 무희(舞姬). 인도 여성은 남성다운 영국이 여성적인 인도와 만나면서 느끼는 유혹적이며 관능적인 위험성과 연계되었다.

호해야 했던 군 당국은 영국 군인들이 야만국 여인과 접촉하여 불치의 성병에 걸리지 않도록, 그리하여 군인다운 힘과 남성다움을 잃지 않도록 군대 안에 홍등가(Lal Bazar)를 설치하고 의료 검사를 받은 '안전한' 여성을 공급했다.27)

'유혹적인 인도' '오염적인 인도' 라는 이미지는 키플링을 비롯한 이 시대 영문학의 주요한 명제였다. 인도에서 태어나 유년기를 보내고 성인이 되어 다시 인도를 찾은 키플링의 작품에는 지배국 남성을 성적으로 유혹하는 인도 여성들이 자주 등장한다. 그가 1888년에 발표한 단편소설 〈리스펫(Lispeth)〉을 살펴보자.

히말라야 지방에 사는, 기독교로 개종한 인도 처녀 리스펫은 곤충 채집을 하다가 벼랑에서 추락한 영국 남자를 구해주고는 그에게 사랑을 느낀다. 그러나 '첫눈에 반하는 일' 은 '동양의 본능' 일 뿐 '우수한 인종 영국인' 의 자세가 아니었다. 백인 남자는 '야만적인 처녀' 를 두고 떠나버리고, 남자를 애타게 기다리며 상사병을 앓던 리스펫은 '영국인(남자와 목사 부인)' 이 거짓말을 했다는 사실에 충격을 받고 옛날의 '힌두' 로 돌아간다. 그녀를 기독교인으로 키운 영국인 목사 부인은 길게 한숨을 내쉬며 말한다. "어째서 이교도들의 엉뚱한 짓을 설명하는 율법서는 없는 걸까요?"

영국이 인도인에 대해 느낀 여성적인 이미지는, 영국이 가장 먼저 정복하고 가장 잘 알며 그래서 가장 위험한 벵골인에 대한 인식에 근거를 두었다. 매컬레이는 인도인이 연약하고 여성적이기 때문에 "외국의 지배를 받는 습관에 딱 맞는 사람들"이라고 주장했다. 전쟁터에서 도망이나 치는 겁이 많고 여성적인 남성이 통치하는 인도는 외국의 정복에 무력하게 마련이었다. 인도가 오랫동안 무슬림의 지배를 받았고 또 영국의 통치를 받는 것은 그 당연한 결과였다.

영국은 벵골인을 비롯하여 모든 인도인이 가진 나약함과 나태함, 즉 "뛰는 것보다 걷는 게 낫다. 서 있는 것보다 앉아 있는 것이 좋다. 그러나 그 중에서도 누워 있는 것이 최고이다"라는 태도가 열대의 기후와 힌두교의 소산이라고 여겼다. 인도는 힌두교가 타락했기 때문에 나약해졌고 힌두교가 나약했기 때문에 타락했다. 일관된 믿음과 원칙적인 확신 없이 무엇이든 포용하는 힌두교는 인도인의 여성적인 성격을 양성한 온상이자 주범이었다. 특히 남성다운 위엄이 조금도 보이지 않는 연약한 브라만의 모습은 인도의 여성성을 적나라하게 증명하는 산 예증으로 간주되었다. 제임스 밀은 브라만을 "미신의 토대 위에 세워진 사제(司祭)"라면서 인도 사회의 타락이 모두 사악한 그들의 탓이라고 몰아붙였다.

영국인들은 특히 힌두교의 데바다시 제도가 여성화한 힌두교와 브라만의 타락을 예증한다고 보았다. 데바다시는 힌두 사원에 소속되어 신을 찬미하는 노래를 부르고 춤을 추던 '신의 종'으로 종교적 축제와 의식에 참여한 여인들이었다. 영국은 그 여인들을 사원에 딸린 매춘부라고 여기고, 이렇듯 매춘제도를 가진 힌두교를 타락하고 퇴보한 인도의 상징이라고 간주했다. 데바다시는 대개 어렸을 때 사원에 바쳐진 여인으로 그 일부가 브라만의 성적 파트너로 이용되는 경우도 있었지만 본질적으로 매춘제도의 희생자는 아니었다. 인도인은 그들이 가톨릭교의 수녀와 같은 존재라고 방어했지만, 지배자의 눈에 비친 데바다시는 나약하고 비도덕적인 브라만 사제의 모습을 보여주는 움직일 수 없는 예증이었다.

덥고 습기가 많은 (매컬레이의 표현을 빌리면 '계속적으로 증기탕을 하는 듯한') 벵골 지방의 기후도 남자다움과 남성이 지닌 결단성을 파괴한다고 여겨졌다. "모든 정글은 악이다"라고 말한 레오나르도 울프와 19세기 영국인의 생태학적 결정론을 고스란히 물려받은 인도 지성계의 '앙팡 테리블' 니라드 쵸두리의 표현은 보다 선명하며 섬뜩하다. 벵골 출신인 그는 호머의 《오디세이》에 나오는 마녀의 이름을 따서 인도를 '서시(Circe)의 대륙'이라고 불렀다.[28] 마녀 서시가 마술을 걸어서 만나는 남자들을 모두 돼지로 바꾸듯이 인도의 더운 날씨와 되직한 음식이 인도에 사는 사람들을 전부 돼지처럼 나태하고 활력 없는 사람으로 만든다는 주장이었다.

인도인이 주로 입는, 여성의 옷을 연상시키는 헐렁한 의복도 인도인의 여성성을 알려주는 증거였다. 접어 입으면 마치 미니스커트처럼 보이는 '룽기'나 우리의 한복 바지와 흡사한 '도티' 그리고 '숄'은 모두 한 장의 옷감을 몸에 두르거나 걸치는 지극히 '인도다운' 느슨한 옷차림이었다. '파자마'라고 불리는 통이 넓은 바지도 여성적인 복장이었다. 더구나 라다, 두르가 등 여신을 숭배하는 일부 벵골인 남성들은 신에게 완전히 굴복한다는 의미로 여성의 의복을 입었고, 그 모습은 찌는 듯한 더

위 속에서도 무릎까지 오는 부츠를 신고 잔뜩 성장(盛裝)한 채 과도하게 남성다움을 추구하는 영국인의 눈에 괴이하고 '끔찍'하게 보였다.

인도를 방문한 영국인들은 "그들(벵골인)의 뼈는 연약하고 근육은 흐물흐물하며 신경은 무력하다"거나 "육체적으로 나약한 벵골인"은 "가느다란 사지"로 "느리게 움직"이기 때문에 남성다운 저항을 할 수 없다고 주장했다.[29] 또한 "다리를 보면 벵골인을 구분할 수가 있다. 자유인의 다리는 곧거나 약간 구부러질 뿐이어서 확고하게 설 수가 있다……. 그러나 벵골인의 다리는 가죽과 뼈만 남았다. 넓적다리에서 종아리까지 굵기가 똑같다……. 벵골인의 다리는 노예의 다리이다……"라고 벵골인의 신체적 허약성을 부각시켰다.[30]

존 스튜어트 밀은 《여성의 종속성(The Subjection of Women)》에서 남편과 아내의 관계를 주인과 하인의 관계라고 말했다. 영국인이 여성적인 인도인을 자신의 하인으로 여긴 것은 당연한 결과이며, 게다가 그들은 하인의 근성을 가지고 있다고 여겼다. 인도에서 근무할 고위직 공무원(Indian Civil Service)을 가르친 존 스트레치는 "겁쟁이가 수치로 여겨지지 않는 유일한 곳"이 바로 벵골 지방이라고 언급하고, 그렇기 때문에 나약한 벵골인을 심하게 다룰 수 없는 것이 영국 통치자의 고민이라고 적었다. 이는 19세기에 쓰여진 모든 작품과 보고서를 관통하는 일관된 관점이었다.

벵골의 운명과 결과적으로 인도 전체의 운명까지 바꾼 1757년 플라시 전투의 두 주인공 시라지와 클라이브도, 지배자와 피

영국인과 벵골인 하인. 영국인들은 벵골인들이 나약하고 무력하기 때문에 남성다운 저항을 할 수 없다며, 그들의 신체적 허약성을 노골적으로 경멸했다.

지배자 간의 성적 차이를 그대로 반영하였다. 20세기 초 영국의 교과서에 등장한 벵골인 시라지는, 유럽인을 죽이고 "영국을 증오한 잔인한 젊은이"로 합리적이지 못한 지도자의 전형이었다. 인도인의 속성인 남자답지 못하고 감정적으로 행동하는 시라지의 인성을 강조하기 위해 동원된 '허약한, 방탕한, 나약한, 전제적인, 불 같은, 배신적인, 사악한, 악마와 같은' 등의 갖가지 형용사는, 부패하고 도덕적으로 방종한 인도 지배자의 한계를 보여주고, 그와 대비되는 남자다운 영국인 클라이브의 벵골 정복을 정당화하는 데 이용되었다.[31]

이 시대 인도인, 특히 벵골인을 가장 겁이 많고 나약한 인종으로 묘사한 작가는 아무래도 키플링이 으뜸일 것이다. 그는 1891년에 발표한 단편소설 〈군수(The Head of the District)〉에서 용감하고 결단력을 가진 영국인이 인도를 지배하도록 (비록 원하지 않더라도) 운명지워졌다는 주장을 펴면서, 벵골인을 그 지배를 받을 수밖에 없는 연약하고 여성적인 타자로 그렸다. 즉 인도인은 스스로 통치할 능력이 없으므로 용맹한 전사와 같은 영국인이 "인도를 위해 통치할 수밖에 없다"는 인종 차별적인 논리가 담겨 있다.

이 소설에서 벵골인 부군수인 그리시 츈드르는 "영국인보다 더 영국인"답고 "법전과 사례집으로 가득 찬" 머리, 즉 많은 교육을 받은 인물로 등장한다. 그러나 능력 있는 영국인에 이어 부군수로 임명된 츈드르는 무슬림이 다수를 차지하는 서북 지방을 제대로 다스리지 못한다. 그의 부임 소식을 들은 파탄인 무슬림들은 "나리, 우리에게 검둥이 벵골 '개'를 보내다니, 정부가 돌았답디까? (우리가) 그런 자에게 봉사를 해야 합니까? 나리도 그 밑에서 일하는 겁니까?"라고 영국 관리에게 묻는다. 결국 민중은 그의 무능에 항거하여 폭동을 일으키고 츈더르는 삼십육계 줄행랑을 쳐버린다. 폭동을 진압한 영국인 책임자는 성난 군중을 향해서 다음 번에는 진짜 '남자'를 보내겠노라고 약속한다. 키플링의 〈군수〉는 정치적 참여를 요구하는 벵골인이, 통치할 수 없는 무책임하고 여성적인 인간이라는 메시지를 전하고 있다.[32]

  이러한 이분법적 성의 구분을 통해서 연약한 여성으로 간주된 인도인은 결국 이중의 성적 차별을 받았다. 가족이나 가정을 돌보는 사적인 역할을 맡은 여성처럼, 여성적인 인도인은 지배자 남성의 공적 세계인 식민정부에 참여하지 못했고, 어쩌다 겨우 자리를 얻어도 그들에게 종속된 하위직에 만족해야 했다. 또한 여성적이라고 간주된 인도인은, 여성 노동자들이 남성 노동자 임금의 반이나 1/3밖에 수령하지 못하는 것과 마찬가지로, 영국인들에 비해 턱없이 낮은 보수를 받았다. 같은 업무에 종사한 영국인과 인도인 지방판사의 봉급 차이는 열 배가 넘었다. '여성은 물'이고 '남성은 와인'이라고 했던가? '여성적'이 아니더라도 배고픈 인도인이 '와인'보다 '물'과 가까운 것은 당연했다.

영국, 정의의 기사(騎士)

《바람과 함께 사라지다》의 지극히 '남자' 다운 남자 레트 버틀러는 섬세하고 연약한 애슐리 윌크스와 비교되어 더욱 남자답게 보인다. 시대의 파고(波高)를 간단히 넘을 것 같은 레트 버틀러를 구체화한 영화 속의 클라크 케이블은, 선병질적인 애슐리 역의 레슬리 하워드와 대조적인 모습이었다. 마찬가지로 백인 지배자가 소지한 남자다움은 남자답지 못한 인도 남성과 대비하여 강조됨으로써 상대적으로 더욱 뚜렷해질 수 있었다. 그리하여 영국은 여성과 가정을 제대로 지키고 보호하지 못하는 인도 남성의 나약한 이미지를 강조하고 부각시키기 시작하였다.

"야만적인 사람들은 여성의 지위를 떨어뜨리지만 문명인들은 여성을 고양시킨다……. 힌두 여성에게 규정된 것보다 더 엄격하고 굴욕적인 종속성은 상상하기조차 힘들다."

"힌두 남성이 자기 여성을 대우하는 습관적인 경멸보다 더 심한 일은 아마도 없을 것이다……. 여성이 남성과 함께 식사도 하지 못하는 엄청난 야만성이 힌두스탄에 만연한다……."[33]

빅토리아 시대에는 여성의 위상이 높을수록 문명의 수준이 높다고 믿었다. 《자유론》을 쓴 존 스튜어트 밀의 아버지이며 《인도사》를 저술한 식민정부의 고급관리 제임스 밀이 내린 위

정의를 그대로 따른다면, 살아 있는 아내를 죽은 남편과 함께 화장하는 사티제도, 여자로 태어난 영아(嬰兒)의 살해, 여자아이의 결혼과 성적 이용, 과부를 학대하고 재가를 금지하는 것 등, '요람에서 무덤까지' 여성을 핍박하는 수많은 악습을 가진 인도는 야만적인 문명의 전형이었다. 영국은 무지하고 독선적인 인도 남성의 비겁하고 남자답지 못한 '야만적인 관습'을 규탄하고, 진정한 남성인 자신들이 인도 여성을 삶의 지옥에서 구출해야 한다며 적극적으로 그 개혁을 추진하였다.[34]

"문명국의 여성이 자기 여성들에게 아무것도 해주지 못하는 인도 남성으로부터 재판을 받을 수는 없다."

1883년 인도 여성을 돕기 위해 인도에 온 아네트 베버리지가 인도인 판사들이 유럽인을 재판할 수 있도록 규정한 일버트 법안에 반대하면서 내세운 이 발언은, 당시 영국인이 인도 남성들에 대해 갖고 있던 보편적인 견해였다.[35]

그저 '니그로'에 지나지 않는 인도 남성은 여성을 지키고 구할 자격이 없었다. 식민정부는 인도 여성의 낮고 비참한 위상과 차별받지 않는 영국 여성의 고상한 삶을 비교하면서 자신들이 지닌 남성다움과 영국인의 도덕적 우월성을 과시하는 한편, 미개하고 야만적인 인도 남성의 부정적인 이미지를 구성하기 시작하였다.

먼저 집안과 베일에 갇힌 인도 여인들과 대비되는 우월한 영국 여성이 있었다. 기독교 선교사나 의사로서 식민지와 '밖'에서 활동하는 순수하고 도덕적인 백인 여성들은, 우정이나 동지애가 아닌 '엄마의 약손'을 가지고 나락에 떨어져 고통받는 '야만국의 가엾은 자매들'을 도왔다. 그 중에는 여성에게 참정권은 필요없다고 발언하여 여성의 열등성을 인정하고 남성을 기쁘게 만든 '백의 천사' 나이팅게일도 포함되었다. 비록 소수였지만 밖에서 열심히 움직이는 영국 여성들의 '성적 순수성'은 베일과 어두컴컴한 집안이 상징하는 관능적인 인도 여성과 비교되었다.

앞에서도 말했지만 영국은 인도인의 나약하고 여성적인 특성이 모두 힌두교에서 비롯된 것으로 여겼다. '역사는 무한히 진보한다'며 진보를 필연적인 자연의 법칙으로 간주하던 19세기 영국 지배자들은, 힌두교를 진보의 요원으로 작용하는 서양의 기독교와 달리 과거에 닻을 내린 무력한 종교라고 파악하였고, 그 속에 "도덕적 원칙과 개인적이고 사회적인 행복, 그리고 공공의 가치와 국가적인 에너지가 잠들어 있다"고 간주했다. 인도에 존재하는 모든 사회적 악습은 바로 그 나약한 힌두교가 생성한 퇴적물이었고 최대의 희생자는 가여운 여성들이었다.

"이러한 비인간적 관습을 묵인하는 것은 영국 정부의 불명예"라고 여긴 식민정부는 본격적으로 여성을 핍박하는 사회관습을 개혁하기 시작했다. 갈색 피부의 인도 남성의 족쇄에서 갈색 피부의 인도 여성을 구해내는, 갑옷을 입은 중세의 기사와 같은 백인 남성의 씩씩한 이미지를 예증할 첫 번째 작업은, 인도 남성의 이기적이고 비인간적인 측면을 적나라하게 보여준 사티제도의 폐지였다.

남편과 함께 산 채로 화장되는 힌두 여인. 이 사티제도는 인도인의 몽매함과 야만성을 예증하는 악습으로 간주되었고, 문명화의 막중한 사명을 짊어진 영국은 이 비인간적인 제도에 몹시 경악했다.

산 채로 죽은 남편과 함께 불에 타 죽는 가여운 인도 여성을 지옥불에서 구출하는 극적인 '백마 탄 왕자'의 역할은, 영국 남성의 용기와 인도 남성의 비겁함을 대비시키는 더할 나위 없이 훌륭한 수단이었다.

신화에 의하면, 사티는 시바 신의 아내였는데 친정아버지가 남편에게 퉁명스럽게 대했다고 항의의 표시로 분신자살했다. 남편에 대한 아내의 진정한 헌신을 입증한 사티의 죽음은 이후 남편과 함께 산 채로 화장되는 힌두 여인과 그 관습을 지칭하는 단어가 되었다. 사티는 이론적으로 사랑 때문에 남편의 뒤를 따르는 아내의 자발적인 행동이었다. 남편이 없는 삶은 아무런 의미도 가치도 없다는 여필종부(女必從夫)의 자세인 것이다. 그러나 식민정부는 남편과 함께 화장되는 대다수 여인이 강제로 죽임을 당한다고 여겼고, 이들을 시가 식구와 주위의 압박에 못 이겨 남편의 시체에 묶이거나 대나무 막대기로 두들겨 맞으면서 억지로 장작더미에 오른 희생자로 간주하였다.

사티는 벵골 지방의 극히 일부 계층과 전쟁이 일상처럼 계속되던 군인 계층 라지푸트의 땅에서 주로 목격된 관습이었다. 18세기 말 84명의 여인과 함께 죽은 분디 왕국의 부드 싱과, 64명의 왕비와 후궁을 데리고 화장된 아지트 싱은 모두 라지푸트 왕이었다.[36] 영국이 가장 먼저 점령한 벵골 지방에서도 사티가 많이 발생했다. "오, 노우!" 그 수는 1800년대 초 연간 5백~8백 건에 달해서 휴머니스트와 진보의 요원이라고 자처하는 영국 정부를 긴장시켰다.

주로 브라만 계층이 행하던 사티가 벵골 지방에서 만연한 것은 식민체제에서 부를 쌓은 일부 신진계층이 위상을 과시하는 수단으로 사티를 시행했기 때문이었다. 또 벵골 지방의 독특한 유산제도도 사티의 유행을 한몫 거들었다. 즉 죽은 남편의 재산을 상속받게 될 아내를 사전에 제거하려는 시가 식구의 음모가 사티를 장려한 것이다.

 문명화의 막중한 사명을 짊어진 영국은 살아 있는 여인을 불에 태워 죽이는 비인간적인 제도에 몹시 경악했다. 사티제도는 인도인의 몽매함과 야만성, 인도 남성의 비겁함을 예증하는 천인공노할 악습이었다. 1829년 공리주의자 벤팅크 총독은 사티를 불법으로 규정, 금지했고 사티의 강제는 살인으로 규정되었다. 야만적인 사티의 폐지는 서양의 근대 세계와 이성, 그리고 지배자의 남성다움이 거둔 승리로 보였고 그렇게 여겨졌다. 그러나 힌두 성서가 사회관습을 지배한다고 파악한 식민정부와 오리엔탈리스트들의 잘못된 관점은 성서가 인정하는, 즉 강제가 아닌 자발적인 사티를 정당하다고 미화했고 이후에도 사티는 계속되었다(가장 최근의 사티는 1987년에 일어났다).

 식민정부는 1856년 삶의 변방에서 겨우 목숨을 부지하는 홀로된 힌두 여성의 재가(再嫁)를 허용하는 법령을 통과시켜 그들을 구했다. 여성이 일찍 결혼하는 관습 때문에 유달리 홀어미가 많은 인도에서 남편을 앞세운 여자의 삶은 고난의 연속이었다. "침대에서 자는 여자는 남편을 지옥으로 보낸다"는 표현이 보여주듯이, 홀어미는 남편이 죽은 순간부터 '컬러'의 세계에서 '회색'의 삶으로 들어가야 했다. 그리하여 소복을 입고 보석이나 장신구를 할 수 없음은 물론 본능을 부추기는 음식도 먹지 못하고 푸른 하늘도 마음대로 올려다보지 못한 골방의 중죄인 홀어미들은, 백인 지배자에 의해 새로운 삶의 기회를 얻게 되었다!

> 나는 홀어미라는 이름을 얻었다.
> 그 말을 들을 때마다 내 가슴에는 번개가 친다.
> 신은 왜 내게 그 이름을 주었는가?
> 이 이름을 지니고 얼마나 더 살아야 하는가?
> 나는 아마도 이 고통을 견딜 수 없으리라.
> 아, 이 이름이 먼지 속으로 사라졌으면…….
> 얼마나 끔찍한 이름인지, 그 소리에 몸서리가 난다.

그러나 법안이 통과되고 20년이 지난 1873년, 벵골 지방의 한 홀어미(카일라시바시니)가 남긴 이 마지막 일기는, 요란한 정부의 선전과 달리 실제 재가한 홀어미가 극히 드물었음을 보여준다. 법률이 허용한다고 결혼을 할 수 있는 것은 아니었다.

이 무렵 홀어미가 된 12세 딸의 재혼을 추진하던 남부 지방의 한 브라만은, 의식을 집전하는 사제는 물론 요리사를 비롯한 하인들까지 집을 나가는 등 극심한 사회적 보이콧을 받아야 했다. 또한 재가한 여성의 재산권을 인정하지 않는 관습을 가진 북부 하리야나 지방에서는 이 법안이 여성에게 불리하게 이용되었다.

남부 지방 출신의 소설가 안타르쟈남은 한 단편소설에서 나이 지긋한 아버지들이 장가를 한 번 더 가려고 서로 딸을 주고

받는 내용을 다루었다.³⁷⁾ 소설의 주인공 쿠티는 소꿉장난을 즐길 열한 살의 어린 나이에 아버지의 친구와 결혼식을 올리고 신부가 되었다. 쿠티의 늙은 남편은 연로하신 친정아버지가 맞아들인 새어머니의 친정아버지였다. 남편인지 외할아버지인지 알 수 없는 이상한 관계였다. 그래도 쿠티의 외할머니는 안도의 한숨을 내쉬며 이렇게 말했다. "이 얼마나 다행한 일인가, 쿠티가 사춘기가 되기 전에 결혼을 시켰으니 말이야."

19세기 말에 결혼한 마라타의 지도자 틸라크의 아내도 10세에 결혼한 자신이 노처녀였다고 자서전에 기록했다. "당시 내 나이는 이미 많은 편이었다. 대개 아이들은 5~6세에 결혼하는 것이 보통이었다." 1891년 남성다운 식민정부는 이렇듯 전국에 만연한, 여자아이와 결혼하는 인도의 악습을 물리치고 여성의 법적 최저 결혼 연령을 10세에서 12세로 올리는 법안을 제출하였다. 어린아이가 남자답지 못한 성인 남성으로부터 성적인 착취와 이용을 당하지 않도록 배려한 백인 지배자의 이 갸륵한 조치는, 12세 이하의 아내와 성관계를 갖는 것을 성폭행으로 규정하였다.³⁸⁾

당시 11세의 어린 풀마니가 남편과 동침하다가 사망한 사건이, 여아 결혼의 타당성에 대한 논쟁에 불을 지폈다. "딸이 12세가 될 때까지 시집을 보내지 않은 부모는 딸의 달거리[生理血]를 마셔야 한다"는 무시무시한 경고를 담은 성서가 있는 인도 사회에서, 여자아이의 조혼은 오랫동안 당연한 관행으로 여겨졌고 그만큼 이 연령 승낙법에 대한 인도인의 반대도 극심하였다. 아동의 결혼은 극히 일부 계층에서만 시행하였던 사티제도와 달리 전국적이며 전계층적인 현상이었다. 그러나 백인 지배자는 여자아이들을 성인 남자들의 비겁한 손아귀에서 구해냈다.

한편 일부 지역에서는 갓 태어난 여자아이를 죽이는 관습이 있었다. '응애!' 하고 세상에 막 신고를 끝낸 여자아이는 어머니가 고의로 덮은 젖은 수건이나 베개 밑에서 몇 번 쉬지도 않은 숨을 접어야 했다. 또 적지 않은 여아들이, 신을 기쁘게 하여 '대가'를 받기 원하는 부모에 의해 갠지스 강에 던져졌다. 이 구조적 살생이 가장 심하게 일어난 곳은, 전쟁에서 희생되는 남자가 많고 땅이 척박하며 자원이 빈약한 라자스탄 지방이었다. 시집갈 때 딸에게 챙겨줄 결혼 지참금에 대한 부담과 결혼하지 않은 딸을 집안의 불명예로 간주하는 오랜 사회적 관습도 여아를 죽이는 관습을 조장하였다. 일찍이 1795년과 1802년, 비인도적인 여아 살해를 불법이라고 규정했던 영국 정부는 사티를 금지한 벤팅크 총독 시대에 이르러서 보다 강력하게 법안을 시행하였다.

그러나 한 사회의 관습이 성서와 법의 명령대로 움직이는 건 아니었다. 당시 식민정부의 사회개혁을 적극 지지한 벵골의 한 브라만은, 27세의 나이에 9세 여아와 결혼하여 단단한 전통의 벽을 실감케 해주었고 백인 지배자의 가슴을 멍들게 했다. 21세기를 목전에 둔 지금도 어린 여성의 결혼과 홀어미에 대한 박해를 얼마든지 목격할 수 있는 현실을 고려하면, 인도 여성을 나락에서 구출하는 씩씩한 백인 남성의 인도주의적 이미지는 실제보다 상당히 과장된 것이 분명하다. 더구나 그 남자다운 영국 남성은 서양의 가치와 상충되지 않는 인도의 악습에 대해서는 지긋이 눈을 감았다.

영국의 식민정부가, 여자를 죽은 남편의 화장더미에 묶어 함께 태우는 인도의 사티제도에 놀라 폐지를 논의하기 시작한 18세기 말, 유럽에는 마녀를 사냥해서 불에 태워 죽이는 중세의 악행이 잔존하였다. 또한 1856년 처음으로 여성 참정권을 주창한 존 스튜어트 밀의 발언이 영국 사회를 뒤흔든 혁명적인 발언이었던 점과, "여성과 개, 도토리는 때릴수록 좋다"라는 말이 다름아닌 영국의 속담이라는 사실을 기억하면, '자기 여성'의 삶도 해결하지 못하면서 고통과 굴욕적인 삶으로 점철된 인도 여성을 구원하겠다는 영국 남성들의 주장은, 그 순수성과 구체적인 실천의지가 상당히 의심스럽다.

그러나 영국은 이러한 일련의 개혁적인 조치와 입법을 통해서 인도 남성의 나약성과 파렴치성을 드러내는 동시에, 어린아이를 성적 대상으로 이용하고 여성을 억압하는 인도 남성, 즉 자신들의 성적 욕구와 집안(여성)을 제대로 다루는 능력이 부족한 검은 피부의 인도 남성들이 '나라를 통치(自治)'한다는 것은 언감생심이라는 사실을 부각시키려 하였다. 이는 또한 도덕적으로 우세한 영국 지배자의 남성다움과 영국 통치의 정당성에 대한 내용증명이었다.

진짜 사나이들

영국은 '펜이 칼보다 강하다'는 사실을 잘 알았고 그래서 배운 인도인을 싫어했다. '단순하고 솔직하며 순진한' 산악지대 사람들과 연약하고 여성적인 평원(平原)의 인도인을 대비시키는 또 다른 방식이 동원된 것은 그 때문이었다. 이러한 방식은 '추운 산악 지방에 거주하는 사람들은 호전적인 성질을 소유한 반면 열대 지방에 사는 사람들은 종속적이고 전쟁을 싫어한다'는 아주 단순한 논리에 바탕을 두었다.

영국 지배자들은, 영어로 교육을 받고 더운 평원에 사는 그저 '아는 것이 병'인 인도인(또는 벵골인)과 아주 판이하게 '모르는 것이 약'인 씩씩하고 용감한 산악 지방의 상무적인 종족을 선호하고, 그들이 지닌 공격성과 호전성을 높이 칭송했다. 사실 맨손으로 수천 명의 적에게 달려드는 것과 같은 맹목적인 용기는, 자기가 하는 행동의 위험성을 전혀 알지 못하는 무지한 사람들의 행동이었다.

우리의 부상자들이 땅 위에 누워 있다.
그러나 가까운 곳에는 도움의 손길이 없다.
그들을 위한 붕대와 린트 천도 없다!
부상자들은 죽기 위해서 누워 있다.
그들의 상처는 냉기와 갈증으로 심해진다.
우리의 영웅들은 최악의 고통을 겪었다.
그 치명적인 평원에서

상처가 심하지 않은 남자들은
그 끔찍한 공포의 밤을 지냈다.
다시는 결코 싸우지 않으리라…….

남 앞에서는 절대로 눈물을 보이지 않는 '꽉 다문 입술 신드롬'은 이 시대 영국인이 가장 선호하는 남자다운 자세였다. 국가를 위해서 "용감하게 싸우다가 죽었다고 전해주오"라는 용감한 군인의 모습은, 1848년 시크와 격렬한 전쟁을 치른 한 영국 병사의 기록에서도 엿보인다. "통치하기 위해서 태어난", 진정한 용기와 남성다움을 소지한 빅토리아 시대 남성의 자화상은, 대담하고 역동적인 서북 지방과 히말라야 산악지대에 거주하는 시크, 파탄인, 라지푸트, 네팔의 구르카, 그리고 펀자브인 무술림들에게서 발견되었다. 상무적인 본능은 본래 지배적인 백인종처럼 선천적인 자질이었고 그들 부족은 군인이 될 본능을 타고난 집단이었다.

이들 부족은 19세기 중반부터 정치적인 이유로 식민정부를 지지하기 시작했고, 영국도 이들의 지지와 충성이 전략적으로 필요하였다. 특히 격렬한 전쟁을 치르고 영국 영토에 병합된 펀자브 지방의 시크와 라지푸트들은 캐닝 총독의 표현대로 1857년 큰 '폭풍'을 만난 영국에게 '방파제'와 같은 귀중한 존재였다. 호전적인 그들은 '다행하게도' 북부 지방에 들불처럼 번진 반영투쟁에 가담하지 않고 오히려 식민정부를 지지하여 반군 진압을 도왔다. "친구들은 여름날의 파리떼처럼 많다"라며 이들의 지지에 감격한 영국 지배자는, 충성스러운 이들 부족을 제국주의 이념의 바탕 그림으로 그려 넣고 영국에 저항하는 배운 인도인의 견제 카드로 유익하게 이용하였다.

영국이 제국의 선봉대이자 파수병인 인도 군대를, 믿을 수 있고 싸움을 잘하며 따지지 않는 이들 부족으로 메우기 시작한 것은 그 당연한 귀결이었다. 1880년대까지 인도군의 거의 모든 부대가 카스트와 부족을 중심으로 재편되었다. 그래서 펀자브인 부대, 시크 연대, 구르카 부대 등 특정한 부족이나 종교집단으로 구성된 부대가 탄생했다. 부대원 전부가 같은 종교를 믿고 같은 언어를 쓰고 같은 음식을 먹고 같은 신을 숭배하였다. 세포이 난을 주동하고 영국에 저항한 힌두 상층 카스트(대개 브라만)를 대신하여 인도군을 구성하게 된 충성스럽고 용감한 시크·라지푸트·구르카·펀자브 지방의 무슬림들은, 인도 총인구의 극히 일부에 불과했지만 독립할 무렵에는 인도군의 90퍼센트 이상을 차지할 만큼 전형적인 군인부족이 되었다. 그 반면에 연약한 벵골인은 싸울 수도 없는 족속이라면서 군대 편입에 차별을 받았다.[39]

영국으로부터 배운 자유주의와 평등사상을 이마에 붙이고 늘 요구하며 문제만 야기하는 도시의 인도인과 달리, 히말라야 산악 지방의 배우지 못하고 소박한 상무적인 부족들은 영국이 선호할 모든 조건을 갖춘 '훌륭한' 사람들이었다. 평원에 사는 나약하고 여성적인 '검은' 피부의 인도인, 특히 영국의 최대 골칫거리인 벵골인들과 대조되는 산악지대의 용감한 부족들은 강건한 체격과 흰 피부를 가졌으며 고대 인도에 침입한 아리아 혈통의 순수성과 용맹스런 감투정신을 그대로 보존하고 있는 사

벵골인과 대조되는 산악지대의 용감한 파탄인. 영국은 이들이 고대 인도에 침입한 아리아 혈통의 순수성과 용맹스런 감투정신을 그대로 보존하고 있다고 칭송했다.

람들이었다.

 그들은 제국을 통치하는 용감한 영국인의 거울 이미지와 정확하게 부합했다. 상무부족에 대한 영국의 촌평을 대략적으로 살펴보자. "구르카족은 훌륭한 산악지대의 군인들이다. 시크는 아주 질기며 용감하고 명령을 끝까지 이행하는 군인들이다. 인도군의 50퍼센트를 차지하는 펀자브인 무슬림은 유순하며 순종적이어서 훈련이 쉽다. 그러나 시크나 구르카 군인에게는 미치지 못한다……. 그 다음에는 자트 군인들……, 히말라야 출신의 군인들은……."[40] 배짱이 두둑한 상무부족에 대한 언급은 계속 이어지지만 나약한 벵골인 군인을 평가한 구절은 끝내 나오지 않는다.

 네팔과 전쟁을 벌이는 동안에 발견한 진짜 싸움꾼 구르카족에 대해서도 "아주 당당하고 유쾌하며 솔직하다. 사자와 같이 용감해서 어떤 명령이든지 복종한다"고 긍정적으로 평가했다. 격렬한 네팔-영국 전쟁을 치르고 네팔을 병합한 영국은, "배우지 못했지만 에너지가 넘치는 군인종족" "지능은 떨어지지만 용기가 높은" 사람들이라고 싸우는 기계인 구르카족을 찬양했다. 한 군사 기록가의 표현대로 "가장 남자답지 못한 나라"인 인도와 국경을 맞대고 있는 네팔의 구르카족은, 험준한 히말라야 산악지대의 강건한 남성으로 평원의 도시에 거주하는 여리고 창백한 지식인과 대칭적인 존재였다. 식민정부가 추구한 성(남과 여)에 대한 은유였다.

 전통적으로 군인 카스트라고 여겨지고 또 스스로 그렇게 주장해온 라지푸트들은 명예와 충성을 생명으로 여기는 사람들로 종종 서양 중세의 기사와 비교되었다. 그들의 영웅적인 행적을 담아서 후일 인도인의 자존심을 키우는 데 크게 기여한 《라자스탄 연대기와 골동품》의 저자 토드 소령은 그들을 "동양에 있는 우리나라 사람들"이라고 묘사하여 영국인과 동일시했고, 포브스는 "인도에서 가장 훌륭한 군인"이자 "용맹스럽고 자유를 사랑하는 귀족과 같은 인종"이라며 높은 점수를 주었다. 라지푸트들은 말을 타고 중앙아시아의 광야를 지나 인도 북부 지방을 정복했던 아리아인의 모험적이고 전투적인 기질을 고스란히 소유한 살아 있는 고대의 전사였다.

1909년에 발표된 오토 로스펠트의 단편소설 〈나르싱지의 범죄〉는 호전적인 라지푸트를 그린 작품으로 영국이 이들 용감한 종족에 대해 가지고 있던 경외심을 잘 반영하였다.[41] 왕의 명령을 받고 멀리 심부름을 떠난 소설의 주인공 나르싱지는 잠깐 길녘에서 고단한 몸을 쉬려고 주위 사람에게 자신이 자는 동안 짐을 봐달라고 부탁하였다. 그러나 청탁을 받은 남자가 대가를 요구하자 나르싱지는 칼을 휘둘러 그 자리에서 다섯 명을 살해하였다. 살인죄로 붙잡힌 나르싱지는 영국인 판사 앞에서 말머리마다 "나는 라지푸트입니다"를 반복하면서 라지푸트의 용맹성과 충성심을 강조하였다.

"저는 태양의 아들 라지푸트입니다. 제 조상은 이 칼로 오만한 무슬림 군대를 쳐부셨습니다. 제가 이 (소중한) 칼로 살인 따위를 하겠습니까?" 그는 다만 "비천하게 태어난 비겁한 놈들"을 죽였을 뿐이라고 인정하고 영국의 처벌을 달게 받겠다고 대답하였다. 백인인 저자가 주장하는 메시지는 이렇다. "나르싱

3장 상상 속의 성 97

지가 다섯 명을 죽였으면 어떻다는 말인가? 그가 죽인 인간들은 모두 겁쟁이에다가 미천하게 태어난 인도인들인데. 더구나 나르싱지는 식민정부에 충성을 바친 인물이 아닌가?"

대표적인 상무적 집단인 시크는 엄격한 일신교적 종교인 시크교를 믿고 따르는 펀자브인이었다. 힌두교와 이슬람교를 절충한 시크교는 16세기 펀자브 지방에서 구루 나낙(1469~1539)에 의해 시작되었다. 가르침을 따르는 '제자'라는 의미의 시크는 힌두교와 달리 우상숭배와 카스트제를 배격하였으며, 그랜트 사히브라고 불리는 성서를 지니고 무슬림의 지하드〔聖戰〕처럼 전투 중의 순교를 믿었다. 구루 나낙 시대에는 평화로운 집단이었던 시크는, 점차 지역정치에 연루되면서 호전적인 종교집단으로 변모했고 강대한 무굴 제국과 맞서다가 쫓겨서 오랫동안 산악 지방에 은거하였다. 그후 무굴의 쇠락과 함께 평원에 재등장한 그들은 란지트 싱이 통치하던 시대에 이르러서는 최강의 군사력을 자랑했고 영국과 두 차례 피비린내 나는 전쟁을 치렀다.

머리를 자르지 않고 단검을 소지하며 강철로 만든 팔찌를 한 시크들은 성(姓)이 거의 모두 '싱(Singh : 사자)'이었기 때문에 종종 '펀자브의 사자들'이라고 불렸다. 식민정부는 그들 중에서도 기골이 장대하고 상무적인 본능과 적절한 믿음과 관행을 가진 순수한 시크들만 모아서 따로 군대를 편성했고, 이 때문에 군대에 들어가려고 시크교로 개종하는 사람들까지 생겼다. 미신적이고 사회적 악습을 수반하는 힌두교와 달리 시크교를 오염되지 않은 순수한 종교로 파악한 영국은, 시크를 "신체적으로 세상이 만들어낼 수 있는 가장 훌륭한 종족이다. 세상에서 가장 흥미 있는 사람들이며 가장 다루기 힘든 사람들이다"라고 칭송을 아끼지 않았으며, 장발을 감싼 터번과 긴 수염을 말아 올려 턱에 붙인 그들의 모습을 '자랑스럽게' 여겼다. 그리고 특히 그들이 소유한 끈질긴 종교적 열정에 좋은 인상을 받았다.

"오랑캐(영국인)들은 자신들이 용감하다고 생각하거든. 실은 개놈들이고 개자식들이면서 말이야. 그래서 그들은 다른 사람들이 용기를 가지고 있으면 그걸 존경한단다……."

〈람 딘의 출세〉라는 단편소설에 나오는, 영국인의 집에서 설거지를 하는 무식한 인도인의 이 발언은 정곡을 찌르고 있었다.[42] 영국이 인도의 상무적인 부족에게 품고 있던 근원을 알 수 없는 이 이상한 매혹은, 20대의 나이에 쇠락한 무굴의 땅 델리의 레지던트(통감)를 지낸 찰스 메카페의 경우에서 잘 드러난다. 영국의 명문 이튼학교와 캘커타에 있는 포트 윌리엄 대학을 나온 그는, "인도에서 우리의 통치는 정복에 의한 통치이다"라고 젊은이다운 패기를 자랑하면서 "토착인(인도인)들은 당연히 역겹"고 따라서 "때려서(군사력으로) 다스려야 한다"고 당당하게 주장한 제국주의자였다.

스물세 살의 메카페는, 세계에서 가장 큰 다이아몬드 '코이누르'를 소유한 펀자브의 지배자 란지트 싱과 중대한 협상을 벌이게 되었다. '펀자브의 호랑이'라는 별명을 가진 외꾸눈 란지트 싱은 유럽인 장교와 용병이 다수 포함된 강력한 군대를 소

3장 상상 속의 성 99

유하고 서북 지방에서 영국에 위협적인 신호를 보내는 중이었다. 그러나 회담을 위해서 만난 란지트 싱과 메카페는 상대의 '남자다움'에 한눈에 반했고, 어려울 것이라고 예상했던 협상은 일사천리로 끝을 맺었다.

오늘날 파키스탄에 영토의 일부가 편입된 펀자브 지방은 시크뿐 아니라 무슬림 인구가 다수를 이루었다. 영국은 1857년 대폭동에 가담하지 않은 펀자브 지방의 독특한 통치방식에 주목했다. 펀자브는 법령에 의해 지배되는 벵골 지방과 달리, 관습법과 지배자의 개인적이고 직접적인 통치로 유지되었다. 1834년 란지트 싱이 페샤와르의 총독으로 임명한 이태리인 아비타빌의 판결이 그 대표적인 경우였다. 교수형을 형벌의 목록에 포함시킨 그를, 영국은 "대담하고 능동적이며 머리가 좋다." "그는 모든 것을 자신이 눈을 통해서 본다. 인도주의적인 성격을 죽이는 대신 테러의 이름으로 많은 목숨을 구했다"고 칭찬을 아끼지 않았다.

영국인이 감탄한, 솔로몬의 지혜를 보여주는 그 재판정을 잠시 참관해보자. 한 무슬림 여성의 아들과 딸이 비슷한 시기에 결혼했다. 시집간 딸과 며느리는 우연히 같은 날 아이를 낳았는데, 딸이 낳은 아이는 딸이었고 며느리가 낳은 아이는 아들이었다. 그런데 문제는 딸을 낳은 여인이 원래 자기는 아들을 낳았는데 올케(며느리)가 아이를 바꿔치기 했다고 우긴 것이다. 지방판사가 신통한 판결을 내리지 못하자 판결의 망치는 총독의 손으로 넘어갔다. 온 지방이 그 문제로 시끌시끌 왁자지껄하는 가운데 재판이 시작되었다.

아비타빌은 염소 두 마리를 재판정으로 데려오라고 지시했다. 한 마리는 수컷을 낳은 염소였고 다른 하나는 암컷을 낳은 염소였다. 또한 수컷을 낳은 양과 암소, 그리고 암컷을 낳은 양과 암소도 데려왔다. 아비타빌은 각 동물로부터 젖을 짜내서 각기 다른 그릇에 담았다. 각 그릇에 담긴 젖을 살펴본 아비타빌은 수컷을 낳은 동물의 젖이 암컷을 낳은 동물의 젖보다 진하다고 확인했다. 그리고 두 여인의 젖을 받아서 조사해보면 아들을 낳은 여인의 젖이 딸을 낳은 여인의 젖보다 진할 것이라고 말했다. 그러자 딸을 낳은 여인이 이실직고했고 그것으로 '땅땅땅' 판결이 내려졌다. 수컷의 선천적인 우수성을 믿는 그의 판결은 오늘날 우리의 기준으로 보면 조잡하기 이를 데 없지만, 그와 서북 지방의 이름을 오랫동안 사람들의 입에 오르내리게 만든 명판결이었다.[43]

> 만약 내가 인생을 선택할 수 있게 40년만 젊다면
> 이교도의 강의를 듣거나 뚱뚱한 힌두들에게 들볶이진 않으리라.
> 남자다운 무슬림이 사는 저 먼 땅으로 가거나
> 아니면 치투처럼 정글에 가서 호랑이 굴에서 죽으리라.[44]

란지트 싱과 같은 남자다운 무슬림들이 사는 저 먼 땅은 서북 국경 지방이었다. 가장 영국인의 상상력을 자극한 그곳은 현재 파키스탄과 아프가니스탄의 영토에 포함된 지역인데, 그곳으로 배속되는 영국 군인들은 마치 무인도에 가는 소년들처럼 모험을 기쁘게 여기고 자랑스럽게 생각했다. 러시아의 남하를 의식해서 아프가니스탄을 완충지대로 삼으려 했던 영국은 항상 최정예 부대만 그곳에 배치하였다. 로날드 세이의 말을 빌리면 "국경 지방(프론티어)의 삶은 고달프다. 매일 영원의 가장자리를 밟는" "늘 위험이 감돌고 언제 어디서나 총알이 날아올 가능성이 있는" 위험한 땅이었다.

특히 영국은 그곳에 거주하는 파탄인에게 매료되었다. 그들은 "담요를 짜거나 논밭을 경작하며 자식을 걱정하는 지루한 일상보다 전쟁을 선호하는" 전사다운 부족이었다. 키플링의 소설 〈왕이 되려고 했던 자(The Man Who Would be King)〉나 라이오닐 제임스의 〈다우드 칸의 명예(The honour of Daud Khan)〉에는, '소총을 훔치는 전문가'이지만 동시에 '유부녀의 애인'이며 "콧구멍에서 화약 냄새가 진동"하지만 "여자의 머리에서 풍기는 재스민 향기를 갈망하는", 즉 모험과 아슬아슬한 생활을 사랑하는 파탄인에 대한 애정이 가득 담겨 있다.

"불명예보다는 차라리 죽음을!" 영웅적이고 명예를 소중하게 여기는 파탄인들은 영국인과는 여러가지로 유사하지만 허약한 벵골인과는 극단적인 대조를 이루는 씩씩한 인종이었다. 게다가 파탄인은 영국인처럼 용기와 명예를 지키려는 자세를 갖추었고 유머 감각을 지녔으며 폴로와 경마 같은 실외 스포츠를 즐겼다. 그래서 키플링으로 대표되는 영국인의 눈에 비친 벵골인은 늘 '문제아'에 지나지 않았지만, 먼 국경 지대의 파탄인들은 그들이 "법적으로 인정한 아이(natural child)"였다.[45]

일부 학자는 파탄인에게 매혹된 영국 남성의 성향을 동성애적 경향으로 파악했다. 즉 남성에 대한 끌림은 여성적인 모든 것을 경멸하고 과도한 남성다움을 추구하는 빅토리아 시대의 남성적인 문화의 부산물이었다. 사실 사랑(동성애를 포함)까지는 아니더라도 영국인과 파탄인이 서로 이해하고 어느 정도까지 상호 존경한 것은 사실이었다. 명예와 용기, 충성이 미덕인 여성이 없는 남성만의 세계에서 "깨끗하고 남자답게, 그리고 분투적으로 살아가는" 이들, 곧 근육질을 가진 "세상에서 가장 용감한 종족"인 파탄인은 종교적으로 모두 이슬람을 신봉하는 무슬림이었다.

그래서 키플링의 〈군수〉에 등장하는 무슬림 민중들은 벵골인 부군수 그리시 츈더르를 "물고기(벵골인은 어패류를 먹음)를 먹는 뚱뚱한 검둥이 힌두"라고 한껏 경멸감을 얹어 호칭했다. 그들은 그 검둥이 힌두 벵골인이, 수세기 동안 벵골을 침략하고 정복했던 무슬림 파탄인인 자신들을 통치하는 것을 용납할 수 없다고 주장했다. "그 벵골인이 통치하게 될 이 지역을 어떻게 설명합니까? 마을의 무슬림 원로들이 뭐라고 할까요? 시크와 파탄인 경찰이 어떻게 그의 밑에서 일합니까? 정부가 청소부를 임명했다면 우린 아무 말도 안 했을 겁니다……. 이건 진짜 잔인한 실수입니다."

영국은 이 과정에서 또 다른 차별의 이념을 창조했으니 바로 남성다운 무슬림 대 여성적인 힌두의 이항대립이었다. 영국 지배자들은 유일신을 숭배하고 일관된 조직과 믿음체계를 가진 이슬람교와, 미신적이고 혼란스러우며 잘 알 수 없는 '신비한' 힌두교 간에 큰 차별을 두었다. 수많은 팔을 가진 여신을 숭배하는 여성적인 힌두교는, 구약성서에 보이는 '징벌하는 야훼'

에서 나타나는 남성적인 셈족의 종교와 본질적으로 달랐다. 기독교와 이슬람교는 항상 남성다운 공격성과 선교를 강조했고, 기독교를 신봉하는 영국인과 무슬림은 적어도 이 남성다움이라는 면에서는 서로 연계되었다. 또한 영국 지배자와 무슬림들은 인도를 침략하고 정복한 공범자였다.

"나는 미스터리를 좋아하지만 엉망진창은 싫어요."

소설 《인도로 가는 길》에서 무슬림 무어 부인이 한 말은 영국이 인도와 힌두교에 대해 느끼는 바 그대로였다. 영국의 눈에 비친 힌두교는 서양의 합리성이 결여된 이성보다 감성에 호소하는 종교였다. 그 반면 이슬람은 합리적이고 일관된 종교였고 십자군전쟁 이래 영국에게 친숙했으며, 그 믿음을 따르는 무슬림은 나약하고 겁이 많은 힌두와 달리 늘 씩씩하고 전사처럼 용감해 보였다. 기독교와 이슬람이 공유한 합리성은 남성의 영역이었지만 힌두교의 감성적인 특질은 여성의 영역에 속했다. 영국은 '코란이냐, 칼이냐'로 상징되는 이슬람이, 또 한때 유럽의 기독교 세계를 위협한 잔인한 침입자 이슬람이 무슬림을 전사로 만드는 '무엇인가'를 소지하고 있다고 여겼다.

그래서 한때 영국 팽창주의의 최대 걸림돌이자 최대의 적으로 간주되었던 마이소르 왕국의 무슬림 지배자 티푸 술탄이 갑자기 흠모의 대상으로 떠올랐다. 푸슈킨의 시처럼 지나간 것은 모두 그리운 법인가? 1901년 영국 교과서에 등장한 티푸는 영국인처럼 피부가 희고 신체가 강건하며, 전쟁터에서는 용감하지만 평상시에는 관용적이며 공명정대한 인물로 그려졌다. 그는 "희고 불그레한 피부에 키가 크고 강건하며 강하고 역동적이고 대담한 기수(騎手)이자 노련한 검술가……, 모하메단(무슬림)으로 관대하며 이웃 힌두들에게도 친절했던" 지도자였다.[46]

일부 영국인은 "무살만(무슬림)은 단순하지만 자신만만하고 오만하며 자기들이 다른 사람들보다 우월하다고 생각하는 사람들이다"라거나, "낮은 계층의 무살만은 거만하다. 그러나 무슬림 젠틀맨은 잘 키워진 완벽한 인간의 모델이다"라고 간주했다.[47] 《인도 무살만》을 쓴 윌리엄 헌터 경(卿)은 "이들 영국의 신민이 과연 (빅토리아) 여왕에게 반란을 할 것인가?"라면서 식민정부에게 그들과 제휴하고 그 충성심을 돌려쓰라고 제안하였다. '여성적인 힌두'와 '남성적인 무슬림'의 신화와 오늘날까지 이어진 힌두-무슬림의 갈등은 이렇게 상상 속에서 키워진 싹이었다.

4장

숨은 '남성다움' 찾기

'아아, 나는 잠들었는가, 깨어 있는가?
누구, 내가 누군지 말할 수 있는 자는 없는가?'
- 《리어왕》 1막 4장

"연약한 인종이 유럽인의 냄새를 맡고 시들기 시작했다. 물론 영국인이 다른 유럽인들보다 냄새가 훨씬 강하다."

"벵골인 바부들은 폭풍이 무서워서 갠지스 강에서 보트를 타지 못한다……. 밤에 오줌이 마려우면 아내나 여종을 데리고 변소에 간다……. 그들은 심지어 자기 그림자에도 소스라치게 놀란다……. 이들이 싸운다는 것은 절대로 불가능하다……."[48]

인도인이 쓴 위의 글은 상대하기 어려운 강한 적을 만났을 때 패배자가 겪는 상실감과 심리적 무력감을 잘 보여주고 있다. 심리학에서 말하는 역행(逆行)에 가까운 현상이었다.[49] 이지메를

당하는 학생처럼 참을 수 없는 열등감과 무력감에 빠진 개인은 종종 옥상에서 뛰어내리는 자살과 같은 극단적인 행동을 취하게 된다. 그러나 그 큰 나라의 그 많은 인구가 다 죽을 수는 없었고 상처 입은 집단적 자아를 회복하고 단언적이며 자기 확인적인 행동을 통해 자아를 변화시키는 방법이 모색되었다. 그것은 자신을 억압하는 공격자에 대한 동일시와 공격자와 공유하는 영역에서 찾아낸 새로운 자기 이미지를 구성하는 것이었다.

19세기 말에 진행된 남성답고 호전적인 영국 공격자의 공격성을 추구하는 인도의 이런 움직임을, 인도 심리학자 아시스 난디는 피할 수 없는 상황에서 희생자가 취하는 '창조적인 자기방어'라고 불렀다. 아시스 난디의 표현을 그대로 빌리면, 그것은 "완전한 정당성을 인정받는, 신체적으로 훨씬 강한 성인의 불가피한 지배에 대처하기 위해서 정상적인 아동이 사용하는 자기 방어를 위한 개체발생학적 정당화"였다.[50] 그것은 살아남기 위한 약자의 전략이자 전술이었다.

"우리는 도대체 누구인가?" "작은 섬나라에서 온 소수의 인구가 2억 5천만 명이 넘는 광대한 인도를 점령하고 지배하게 된 원인은 무엇인가?" 먼저 인도인은 자기에 대한 비판과 검증을 시작했다. 새로운 교육을 받고 서양을 이해하는 사람들은 인도가 왜 소수의 이방인에게 패배했는지 의문을 가졌다. 개인의 실패가 아닌 문명의 실패는 도대체 어디에서 기원했는가? "왜 우리는 삶의 변방에서 살아야 하는가?" 소수의 '그들'은 무엇을 가지고 있고 '우리'는 무엇을 지녔으며 어떻게 '그들'과 대면해야 하는가? 그것은 거울 이미지를 찾고 '적을 알고 나를 아는' 과정이었다.

1884년 캘커타에서 발간된 힌두 주간지 〈바라미트라〉지(誌)는 위 질문에 대해, "영국인이 도덕적인 힘을 가지고 있는 반면 힌두는 그렇지 못하기 때문"이라고 답변해 인도의 열등성과 패배를 시인했다.[51] 이러한 자기 비판과 검증의 결론은 영국이 소유한 남성다움을 인정하고, 지배자가 규정한 여성적인 이미지를 대체할 수 있는 새로운 인도의 정체성을 구성하자는 것이었다. 즉 강한 지배자를 찬양하는 동시에 그가 가진 공격적인 소질을 수용하고 추구하면서 대체적인 자아를 만드는 움직임이었다.

이 과정의 주체는, 동인도회사가 처음 닻을 내리고 무역의 전진기지로 삼았던 캘커타(벵골)·마드라스·봄베이 등 대도시에 거주하면서 서구교육을 수용한 상층 카스트들로, 이들은 가장 먼저 식민화에 노출되었고 그래서 가장 서구화되었고 영국을 닮은 계층이었다. 특히 1911년까지 영국령 인도와 인도 제국의 수도였던 캘커타의 지식인들, 즉 영국 지배자로부터 "검둥이 원숭이"라고 극심한 멸시와 차별을 받은 그 벵골인들이 선두에 나섰다.

"영국은 우리에게 오랫동안 자유주의 교육이라는 축복을 주었습니다. 우리의 정신은 서구문화의 관대한 영향 속에서 성장했습니다. 우리는 이 모든 은혜를 진심으로 고맙게 여깁니다. 그러나 우리의 지적 영역이 발달할수록 우리의 개인적인 열망과 국가적인 열망도 예민해지고 고무된다는 사실을 잊지 마십시오……. 유럽의 역사, 특히 영국의 정치제도와 역사를 배운 것이…… 수세기 동안 잠들었던 우리의 애국적 본능에 불을 지폈다는 것을 기억하십시오……."[52]

위 글이 고백하듯이 낮에는 셰익스피어와 밀의 《자유론》을 읽지만 밤이면 여신 앞에서 합장하며 절을 올리는, 문화적 망명자 신세인 그들은, 지배자가 부과한 자기 이미지를 부정하고 대체적인 정체성을 구성하는 데 있어 자신의 전통을 배반하지 않고 서양을 사랑하는 방식을 잘 알고 있었다. 영어교육을 받고 영국인처럼 생각하고 식민정부에 직·간접적으로 연계된 이들 중산층 지식인들은 동·서양이 만나는 경계에 서 있었고, 그렇기 때문에 영국에 대해 양면가치적인 감정을 지우지 못했다.

작가·변호사·저널리스트·의사·학자·관리·교사로 활약한 '배운 그들'은 서구 공격자와 공유하는 이미지를 만들기 위해 인도의 과거〔歷史〕와 오리엔탈리즘을 이용했고 때로 오리엔탈리즘의 덫에 빠지곤 했다. 과거의 도로에 있는 기억의 편린은 현재의 고통과 압박감을 잊게 해주는 따뜻한 피난처였다. 발헤치트 교수의 지적대로 이 시대의 역사는 이미 존재했던 것을 밝히는 작업이 아니라 필요한 것을 창조하고 재발견하는 과정으로 흡스붐이 말한 '전통의 창조'와 흡사했다. 역사가 없는 곳에는 신화와 전설, 서사시가 동원되었다. 그러나 강한 지배자를 닮아가는 그 움직임은 지배자에 대한 은근하고 은밀한 저항과 도전의 은유였다.

힌두교는 힘이 세다

"누가 인도를 통치하고 있는가?…… 인도인의 가슴을 단단히 옥죄고 있는 것은 정치도 외교도 아니다. 영국 군대가 가진 번쩍이는 총알이나 무서운 대포도 아니다……. 그 힘은 그리스도이다. 영국령 인도를 통치하는 것은 그리스도이지 영국 정부가 아니다. 영국은 이 광대한 제국을 정복하고 장악하려고 그 힘센 예언자의 삶과 성격 속에 엄청난 도덕적 힘을 실어서 보내왔다."

케샤브 찬드라 센이 파악한 것처럼 19세기에 이어진 일련의 힌두교 개혁운동과 부흥운동은, 힌두교를 기독교와 이슬람교 등 셈족의 종교처럼 강하고 공격적이며 남성다운 종교로 고쳐 쓰려는 노력이었다. 힌두교 개혁운동은 다양다기하고 여성적이며 믿음과 실천의 일관성이 없는 힌두교를 잘 짜여진 교회와 같은 조직과 유일신, 그리고 성서를 갖추고 공격적으로 선교하는 기독교나 이슬람교와 유사한 종교로 만들려는 노력이었다. 또 힌두교의 부흥을 기도하는 여러 운동은 인도 고대에는 존재했지만 지금은 잃어버린, 힌두교의 남성다운 특질을 되찾으려는 시도였다.

이러한 운동은 각 지방에 존재하는 힌두교의 소전통을 무시하고 전(全)인도적이고 고전적이며 브라만적인 대전통을 추구했다. 독립적이며 다양한 종파를 하나의 종교로 간주하고 그 부정적인 외피를 벗겨내 셈족의 종교, 특히 기독교와 대등하게 설 수 있는 합리적이고 일관된 힌두교를 만들려는 노력이었던 것이다. 그것은 곧 인도의 구원과 미래가 강하고 남성다운 힌두교에 있다는 믿음이었다. 특히 이러한 운동을 추진한 지도자와 단체는 강한 힌두교의 근거를 영광스러운 과거에 두고 오리엔탈리스트의 연구결과를 구체적인 증거로 제시하였다.

조직화된 힌두교의 출발은 벵골 지방의 브라모 사마지(브라모 협회)였다. 인도에 새로운 시대를 열었다는 뜻에서 '근대 인도의 아버지'라고 불리는 람 모한 로이(1772~1833)가 1828년에 조직한 브라모 사마지는, 이 시대 최초의 서양식 힌두교 조직으로 전국민을 동질화할 수 있는 조직을 만들고 싶어한 그의 소망이 맺은 열매였다. 서양학문을 배우고 영어와 산스크리트어에 능통하며 오랫동안 식민정부에 근무하면서 유럽인과 접촉한 벵골 브라만 출신의 로이는, 유럽의 합리주의자처럼 신을 '전지전능한 우주의 초월자'로 인식하였고 유일신 '브라마'만을 숭배한다는 뜻에서 조직을 브라모 사마지라고 이름했다.[53]

로이는 성경이나 코란에 기초한 기독교와 이슬람처럼, 힌두교를 《베다》와 《우파니샤드》, 《베단타수트라》 등 힌두교의 성서를 바탕으로 해석하고 이해하는 한편, 인도의 전통적인 일원론을 기독교나 이슬람과 같은 일신교라고 주장했다. 그래서 그는 인도의 베단타 철학(범신론적 일원론)이 서양의 합리주의에 기초한다고 주장하고 베다와 5개의 주요한 《우파니샤드》를 벵골어로 번역해 그 내용을 알렸다. 영국 공리주의자 벤담이 "람 모한 로이는 3천 5백만의 (힌두)신을 버리고 가장 중요한 종교 분

브라모 사마지를 조직한 람 모한 로이. 로이는 사티제도 등 비합리적인 관행을 바로잡고 힌두교의 남성다운 이미지를 개발하려고 노력했다.

야에서 우리의 이성을 받아들였다"라고 기뻐한 것은 그 때문이었다.

로이와 브라모 사마지는 사티와 여아의 결혼 등 비인도적인 힌두교 관행을 극렬하게 비난한 영국 지배자를 의식하여, 서양의 이성이나 기독교의 인도주의적 사상이 원래 힌두교에도 존재했지만 미신과 타락 속에 파묻혔다고 대응했다. 또 야만적이고 타락한 힌두 사회의 제 문제를 개혁하면 그 특질을 되찾을 것이라고 믿었다. 그렇기 때문에 로이는 사회관습, 특히 사티제도 폐지에 앞장섰다.[54] 또한 로이는 수많은 신과 우상에 대한 숭배, 각종 제례와 의식, 그리고 여신을 숭배하는 힌두교의 여러 관습도 베다 등의 힌두교 성서가 인정하지 않는 종교의 찌꺼기라고 폄하하면서 힌두교의 남성다운 이미지를 개발하려고 노력했다.

이성적인 판단으로 서양의 사상과 학문이 인도에 도움이 될 것이라고 굳게 믿은 로이는 영어와 서양교육을 지지했고 정부가 산스크리트 대학을 설립하려고 준비하자 적극적으로 반대운동을 전개해 영어와 서양학문을 가르치는 힌두 대학(1816)으로 바꾸어 열게 만들었다. 자신이 세운 베단타 대학에서 인도의 전통학문은 물론이고 서양의 자연과학과 사회과학도 가르친 로이는 '최고의 서양'과 '최고의 동양'을 조합하려고 시도했다. 영어와 새 교육을 받은 벵골인 힌두들이 주도하고 참여한 브라모 사마지는, 개별적으로 신을 찾아서 숭배하는 다른 힌두들과 달리 브라모 교회를 세워서 기독교인이나 무슬림처럼 집단적으로, 그것도 일요일에 예배를 보았다.

브라모 사마지 운동으로 영국화된 인도인. 특히 사진 속의 인도 여성은 전형적인 빅토리아 시대 여성의 옷차림을 하고 있다.

카스트와 관습의 굴레로부터 해방과 합리주의를 강조한 로이는 그것을 실천하기 위해, 바다를 건너면 카스트의 위상을 상실하는 힌두 규범을 미신이라고 무시하고 사상 처음으로 대양을 가로질러 영국을 방문했다. 그리고 결국 영국에서 사망하여 그곳에 묻혔다. 로이와 브라모 사마지에 재정을 지원한 벵골의 부유한 지주 드와르카나트 타고르의 아들이자, 나중에 노벨상을 받은 라빈드라나트 타고르의 아버지인 데벤드라나트 타고르(1817~1905)와 케샤브 찬드라 센은 브라모 사마지를 이어받아서 힌두교 '정화' 작업을 계속했다.

이렇듯 브라모 사마지가 영국이 소지한 특질을 모방하면서 강한 지배자와 닮은꼴을 찾으려는 방어적인 공격의 형태를 취했다면, 이 시대에 등장한 또 다른 힌두 단체 아리아 사마지(아리아 협회)는 과거 속에서 영국, 나아가 서양과 공유하는 공통점을 재발견하려고 시도한 보다 공격적인 성격의 단체였다. 아리아 사마지는 구자라트 지방 출신의 브라만 승려 다야난다 사라스바티(1824~83)가 1875년 벵골 지방에서 창설한 조직으로, 무슬림과 시크 등 '싸울' 대상이 많은 펀자브 지방을 중심으로 활동했다.

"베다 시대로 돌아가자!" "고대 베다에 모든 것이 있다"고 주장한 아리아 사마지는 브라모 사마지와 마찬가지로 베다에 힌두교 성서의 권위를 부여하는 등 근본적으로 조직의 영감과 언어를 기독교에서 차용하였다. 아리아 사마지의 구성원들도 브라모처럼 일요일에 다 함께 모여 예배를 드림으로써, '인도의 루터'라고 호칭된 다야난다의 파격성을 그대로 드러냈다. 다야난다는 베다를 '신의 말씀' '신의 책'이라고 여기고 '신은 오직 하나'라고 주장하면서, 힌두교의 최대 특질인 다신교적 성격과 여신들에 대한 숭배를 반대했다. 또 베다 이후에 축적된 힌두교의 각종 제례와 의식·우상숭배·동물희생 등의 모든 관습을 부인하고, 카스트 제도와 카스트 제도에 들지 못하는 불가촉민을 천인으로 간주하는 불가촉 제도까지도 진정한 힌두교가 아닌 미신의 잔존이라고 배척하였다.

서양의 힘이 과학에 있다고 판단한 다야난다는 베다에서 그 과학의 씨앗을 찾으려고 애썼다. 그리하여 마침내 증기엔진과 철도, 증기선, 화학무기 등의 기초 이론이 이미 베다에 존재했다고 기염을 토했다. 다야난다는 '무지'가 불행의 씨앗이라고 주장하고 그 대안으로 교육을 장려했다. 또 아내와 어머니가 될 아리아 여성의 역할에도 관심을 가진 아리아 사마지는 여성 교육 증진에도 힘써 많은 학교와 대학을 설립하고 힌디어와 영어로 서양교육을 가르쳤다. 그러나 다야난다의 관심은 여성을 억압하는 사회상황의 개혁이 아니라 여성을 여성답게 만드는 개혁에 있었다.

아리아 사마지가 제정한 '십계'의 제1조는 '베다를 읽으라'였다. 기독교인이 성경을 읽듯이 베다를 읽으라고 강조한 다야난다와 아리아 사마지는, 기독교의 선교활동과 유사한 대규모의 개종운동을 실시하여 공격적인 성격을 드러냈다. 개종은 예전에 이슬람교나 시크교로 개종한 낮은 카스트의 힌두들을 힌두교의 품안에 다시 포용하는 것을 지칭했다. 다른 종교에 의해 오염된 더러움을 씻어낸다는 뜻으로 정화(shuddhi)라고 불린 아리아 사마지의 이 공격적인 개종운동은, 시크·무슬림 등 다른 종교집단과 큰 마찰을 빚었지만 그 덕분에 단체 구성원은 1891년 4만 명에서 10년 후에는 그 두 배로 급속하게 증가하였다.

아리아 사마지의 정체성은 단체의 명칭이 시사하듯이 서양의 오리엔탈리즘이 구성한 영광스러운 과거, 아리아인이 활약하던 베다 시대에 그 뿌리를 두었다. '힌두'는 영국이 경멸하는 단어이므로 인도인을 아리아인이라고 부르자고 주장한 다야난다는, 인도인과 서양 사람은 모두 인도유럽어를 쓰는 고대 아리아 인종의 후손이며 따라서 인도와 공통의 조상을 가진 서양과 영국이 지닌 긍정적인 특성은 모두 인도에도 내재한다고 여겼다. 그는, 현재의 인도가 진짜 인도가 아니라면서 인도 방문을 극구 거부한 인도학의 대부 막스 뮐러의 견해를 그대로 빌렸다.[55] 또 고대 아리아인이 누리던 황금시대와 영광스러운 힌두교의 쇠락과 타락이, 끔찍한 무슬림 통치를 겪는 동안에 생긴 퇴적물이라는 그들의 주장도 여과 없이 접수하였다.

과거를 가진 동양이 좋다! 낡은 동양을 그리워하는 유럽의 오리엔탈리스트와 작가 키플링처럼, 베다가 인도 역사와 철학, 힌두교의 모든 것이라고 여긴 다야난다는 서양과 대결할 수 있는 '흠'이 없고 '힘' 있는 종교를 만들려고 노력했다. 원래 영국 지배자처럼 강하고 남성다웠던 인도가 그 자질을 상실한 것은 무슬림의 침입과 통치 때문이므로 잃어버린 옛날의 특질을 되찾는 것에 인도의 미래와 구원이 있다고 여겼던 것이다. 이렇듯 옛날에 지녔던 유럽인의 뛰어난 자질을 되찾으려면 야만적 이슬람의 도래 이후에 타락한 힌두교를 옛날 황금시대의 순수한 종교로 되돌려야 했다.

고대 인도, 즉 '힌두가 강건하고 쇠고기를 먹던 평등한 사회'에 대한 깊은 향수에 젖은 다야난다와 아리아 사마지가 적극적으로 추진하고 전개한 암소 보호 운동은, 신성한 암소의 이미지보다 영양 많은 음식을 제공하는 암소에게 초점이 맞추어졌다. 다시 말해 암소를 잘 길러서 그 우유를 먹으면 인도인의 신체가 건강해지고 힘이 생긴다는 논리였다. 인도에서 가장 먼저 무슬림의 암소 도살을 금지하는 청원과 반대운동을 전개한 아리아 사마지의 호전적인 힌두교 보호 운동은 종종 '힘'을 행사하는 폭동으로 연결되었다.

19세기 후반, 남성다움에 가장 집착하고 가장 공격적으로 힌두교를 설파한 사람은 벵골 출신의 혁명가 승려 스와미 비베카난다(1863~1902)였다. 캘커타 고등법원 검사의 아들인 그는 대학을 마치고 대를 이어서 법조계에 진출하려고 준비 중이던 어느날, 살아 있는 성자 라마크리슈나를 만난 후 그의 할아버지처럼 출가를 단행하였다. 그는 주황색 옷을 입은 스님들의 새로운 종교 단체 라마크리슈나 미션을 창설하고 강한 힌두교의 전파와 사회봉사에 나섰다.

스승 라마크리슈나의 이름을 딴 라마크리슈나 미션은 단체 명칭이 시사하듯이 인도의 전통적인 승가조직과 사회봉사와 교육에 강조를 두는 기독교적 성격의 조직을 혼합한 새로운 종교 조직이었다. 라마크리슈나 미션은 "신에게 봉사하는 최선의 길은 인류에게 봉사하는 것"이라는 입장을 견지하면서, 기근·홍수·역병 등 자연재해 때마다 구호를 제공하고 학교와 병원을 운영하는 등 쇠락한 모국을 부흥시키는 수단이 되려고 애썼다.

1893년 미국 시카고에서 열린 제1차 세계 종교회의에서 힌두교를 세계에 알리고 서양인들에게 강렬한 인상을 심어준 비베카난다는 이후 4년 동안 미국과 영국에 머무르면서 힌두교와 인도문화를 강의하였다. 그 때문에 국민적인 영웅이 되어 귀국한 비베카난다는 강하고 남자다운 힌두교를 설파하는 데 자신의 짧은 생애를 바쳤다. 종종 "시바, 나의 신, 나의 자아"라고 읊조린 그는 시바 신처럼 힘이 세고 강한 힌두교와 인도를 열망하였다. 그가 외친 "깨어나라!(Awake), 일어나라!(Arise!)"는 해방을 기도하는 젊은이들의 혁명적 슬로건이 되었다.

……(지금은) 우리가 울 때가 아니다. 기쁨의 눈물조차 흘려서는 안 된다. 우리는 이미 울 만큼 울었다. 더 이상 약해져선 안 된다. 우리의 나약함이 너무 오래 되어서 마치 솜처럼 연약하게 죽었다. 모국이 우리에게 바라는 것은 쇳덩이 같은 근육과 강철 같은 심줄, 그리고 거대한 의지이다……

《베단타 미션》이라는 책에서 위와 같이 주장한 비베카난다는 "우리가 원하는 것은 힘이다. 그러므로 네 자신을 믿으라. 우리가 원하는 것은 인간이 만든 종교"라고 했다. 그러나 이와 동시에 "우리의 종교는 부엌에 있고 우리의 신은 솥 안에 있다"며 현재의 타락한 힌두교를 개탄했다. 그는 특히 크리슈나 신의 연인 라다를 따르는 힌두교 종파를 "전국을 여성처럼 나약하게 만든다"고 비난하고, "오 우주의 어머니시여, 제게 남성다움을 주시고 제 연약함과 여성다움을 가져가십시오. 저를 남성으로 만들어주십시오"라고 강한 인도와 힘센 힌두교를 주장했다.[56] 비베카난다는 합리적이고 일관된 체계를 가진 베단타 철학을 전파하고 모든 종교는 '하나'라고 주장했다.

오리엔탈리스트들이 열정적으로 구성한 위대한 과거, 곧 인도가 '세계의 스승' '동양의 빛'으로 활약했던 고대 아리아 문명의 영광을 거듭 언급한 비베카난다는 힌두교가 다른 종교보다 세계에 줄 것을 더 많이 가지고 있다고 말했다. 그는 힌두교의 영적 우월성이 표명된 베단타가 세계적인 종교라며 힌두의 자존심을 부추기는 한편,[57] 남성다움이 부족하고 여성적인 수동성을 지닌 힌두에게 "우리 모두 준비하자, 인도의 세계 정복을…… 일어서자 인도여, 우리의 정신으로 세계를 정복하자"며 물질주의에 빠져 있는 서양을 향해 힌두교의 선교와 세계화를 외쳤다.[58]

브라모 사마지의 영향을 받아서 봄베이 지방에 생긴 프라타나 사마지(1867)와 마드라스에서 활동한 베다 사마지(1864)도 힌두교의 미신과 각종 의례를 비난하고 초월적 신에 대한 믿음을 설파했다. 또한 영국이 비난하는 카스트 제도와 힌두 사원에도 들어가지 못하는 최하층 불가촉민에 대한 상층 카스트의 편견과 차별에도 신랄한 비판을 가하였다. 베다 사마지는 특히 거대한 힌두 사원이 많은 남부 지방에서 극성을 부리고 있던 여성적인 힌두교의 예증이자 '문명사회의 해독'인 데바다시 제도의 폐지를 강력하게 주장하고 나섰다.

"끔찍한…… 눈에는 지옥이…… 가슴에는 독이 가득하고 허리에는 지옥의 여신이 살고 있다. 그 손은 희생자를 노리는 칼을 휘두르고…… 그녀의 달콤한 말 한 마디에 인도가 망하고 그녀의 미소에 인도가 죽는다."

브라모 사마지의 지도자 케샤브 찬드라 센의 이러한 강도 높은 비판을 바탕으로, 살인적인 미소와 경국지색을 가진 데바다시를 폐지하려는 운동이 전개되었다. 백인 선교사들도 '힌두교 매춘제'의 폐지를 열렬히 지지했다. 데바다시의 폐지는 타락한 힌두교를 되살리고 합리적인 지배자에 대한 열등감을 씻는 반동적인 움직임의 하나였다. 그리하여 인도를 방문한 중국 현장 스님의 기록에도 등장하고, 또 인도를 방문한 웨일스 왕자도 만났던 인도 전통무용의 전수자 데바다시들은 역사의 뒤안으로 사라졌다.

S : 이제 무슬림 세력은 정말 멸망했습니다. 그러나 힌두 통치는 아직 이루어지지 않았습니다. 영국이 아직도 캘커타를 지배하고 있거든요.

He : 지금은 힌두 통치가 이루어지지 않을 겁니다…….

S : 힌두 통치가 이루어지지 않으면 누가 통치한다는 말인가요? 무슬림 왕이 다시 돌아오나요?

He : 아니요, 영국이 통치할 겁니다.

S : (모국을 상징하는 여신상을 향해 눈물을 흘리며) 오, 어머니! 저는 당신을 해방시키지 못했어요. 당신을 다시 이교

도의 손에 빠지게 했어요. 당신의 이 (못난) 아들을 용서하십시오. 오, 어머니! 왜 저는 전쟁터에서 죽지 않았을까요?

  He : 슬퍼 마시오. 그대는 부를 가졌지만 폭력과 강도질을 해서 얻었기 때문에 마음이 흐려진 겁니다. 악의 나무에서 순수의 열매가 자랄 수는 없는 거지요. 그런 식으로 당신의 나라를 해방시킬 수는 없다오. 지금 일어나고 있는 일이 최선입니다. 만약 지금 영국이 통치하지 않으면 우리의 영원한 신앙을 부흥시킬 가망은 없습니다. 지혜로운 자〔賢者〕가 아는 것을 당신에게 말해주리다. 3억 3천만의 신을 숭배하는 데서는 진정한 종교를 찾을 수 없습니다. 그것은 진리를 흐리게 하는 저속하고 타락한 종교입니다……. 힌두들이 현명해지고 고결하며 강하게 될 때까지 영국의 세력은 결코 무너지지 않을 겁니다…….

  위 대화는 뱅킴 찬드라 차터르지가 벵골어로 쓴 《아난드마스(환희의 수도원)》의 한 대목인데,[59] 힌두교에 대한 주인공(He)의 관점이 영국 지배자의 입장과 동일함을 알 수 있다. 수많은 신과 종교적 관습을 가진 타락한 힌두들이 영국의 통치를 받는 것은 당연하며 따라서 여성적인 힌두교를 기독교에 대응할 수 있는 강한 종교로 바꾸지 않으면, 즉 '타락'하고 '무지'하며 '미신적'인 전통을 버리고 남자다운 종교로 정화하지 않으면 인도의 미래는 기약할 수 없다는 메시지를 담고 있다. 이는 람모한 로이 이래 모든 힌두교 개혁 운동의 한결같은 관점이자 프로그램이었다.

'우리들'의 영웅

"우리의 젊은이들은 반드시 강해져야 한다!"

비베카난다의 주장대로 연약한 인도 남성의 이미지를 바꾸는 강하고 힘센 새 남성상이 필요하였다. '강한 남자가 멋있다'는 생각은 영국이 규정한 여성적인 이미지에 대한 반동이자 도전이었다. 그리하여 영웅적으로 행동한 역사적인 인물의 칭송과 찬양을 바탕으로 '우리도 강하다'는 것을 증명하기 위해 영웅찾기와 영웅 만들기가 시작되었다. 그 모델은 남성다운 힌두교에 집착하여 "나는 힘과 남성다움, 크샤트리아 기질, 즉 전사계층의 생명력이 필요하다"[60]고 했던 비베카난다의 말에서 드러났듯이 직선적인 용기와 공격성을 소유하고 무기를 들고 적에게 돌진하는 군인다운 남성의 모습이었다.

인도 남성의 영웅적인 새 정체성은 서양인이 자랑하는 용기와 전투적인 자질을 갖춘 군인계층 크샤트리아였다. 즉 영국이 상무적이며 호전적인 종족이라고 규정하고 칭송한 바로 그 계층이었다. "이 해로운 나약함을 버리고 일어서라, 네 적의 응징자여!"라고 싸움을 망설이는 아르주나를 촉구한 《바가바드 기타(2:2)》[61]의 주인공 크리슈나 신은 그 크샤트리아 계층이었다. 이들은 크샤트리아적 기질이 원래 인도인의 것이었지만 중세 무슬림의 침입과 함께 사라진 고대 아리아인의 훌륭한 자질이라고 생각했다.

인도의 남성다움과 군사적인 유산(遺産)을 되찾는 시도는, 크샤트리아의 자질을 앗아간 무슬림의 침입과 통치에 저항하고 싸웠던 인물들의 영웅화로 이어졌다. 이 시기에 인도 남성의 대체적인 이미지로 승화된 계층은 무슬림의 침투와 정복에 맞서 끈질긴 투쟁을 전개한 용맹한 라지푸트와 마라타 부족이었다.[62] 그 '우리들의 영웅'은 무슬림에 대한 투쟁을 전개한 '힌두'라는 공통점을 가졌다. 그리하여 강하고 합리적이며 힘이 센 힌두교의 전통을 단절시키고 타락을 가져온 무슬림은, 또다시 타고난 인도인의 남성다움과 힘을 억압하고 뺏은 주범으로 몰리게 되었다.

이 시대 최고의 인도 영웅으로 떠오른 인물은 목적과 수단을 조화한 마라타 왕국의 시조 시바지 본슬레(1627~80)였다.[63] 나폴레옹처럼 "작은 고추가 맵다"는 사실을 실증한 150센티미터의 단신 시바지는 무슬림 통치에 대한 증오를 키우면서 이방인의 종교로부터 독립을 꿈꾼 야심 많은 젊은이였다. 20세에 큰 뜻을 품고 집을 나온 시바지는 동에 번쩍 서에 번쩍 신출귀몰한 홍길동처럼 데칸 지방의 가파른 산등성이를 오르내리며 무슬림의 요새를 하나씩 공략했다. 그 때문에 '데칸의 산쥐'라고 불린 시바지는, 전설에 따르면 거대한 도마뱀의 도움을 받아서 산쥐처럼 가볍게 가파른 산악과 요새를 넘나들었고 승리를 자기 편으로 이끌었다.

그는 10만 대군을 이끈 무슬림 술탄국 비자푸르의 장군 아프잘 칸을 살해하고 독립적인 세력을 구축하였으며, 1674년 1만 1천 명의 브라만들이 장엄하게 베다를 암송하는 가운데 왕위에 오른 힌두 지배자였다. 시바지의 전과(戰果)는 전설이 되었고 데칸의 집집마다 골짜기마다 그의 이야기가 화제에 올랐다. 전세가 불리하자 무굴 제국의 아우랑제브 황제와 강화조약을 맺으러 아그라에 간 시바지는 배짱 두둑한 발언으로 감옥에 갇혔지만 빨래 바구니에 숨고 하인으로 변장하여 탈주를 감행함으로써 또 다른 신화를 만들었다. 그가 죽은 후 시바지의 후손들은 마라타를 무굴 제국의 괄목한 상대와 영국의 간담을 서늘케 하는 위협자로 키웠다.

마라타와 시바지를 영웅으로 만드는 작업은, 인도 국민회의에서 활약한 시바지의 고향 출신 강가다르 틸라크(1856~1920)가 맡았다. 《인도로 가는 길》을 보면,[64] 영국은 이를 아주 마땅찮게 여겼다. 봄베이 대학을 나온 틸라크는 자신이 출간하는 〈케사리(獅子)〉라는 공격적인 이름의 신문을 통해서, 마라타의 과거와 시바지를 인도 최고의 영웅으로 구성했다. 행동의 철학 《바가바드 기타》를 주석하여 인도인의 역동성을 고무시킨 그는, 1908년 "힌두가 아닌 무슬림과 기독교인이 그대의 집안에 들어왔으니 밖에서 문을 잠그고 그들을 불태우자!"라는 선동적인 발언으로 투옥되기로 했던 '불굴의 파이터'였다.

그러나 많은 학자들은 틸라크가 영웅으로 높이 쏘아 올린 시바지의 실제 행적에 많은 의문을 제기했다. 그 전말을 간략하게 살펴보자. 데칸 지방을 장악하고 있던 무슬림 술탄국 비자푸르의 장군 아프잘 칸의 군대와 대격전을 벌인 시바지의 군대는 궁지에 몰리게 되었다. 시바지는 난국을 타개하기 위해서 아프잘 칸에게 사절을 보내 평화적인 타결을 제의하였고, 두 사람은 무장을 해제하고 '남자 대 남자'로 만나 타협하기로 합의하였다. 그러나 시바지는 전갈의 꼬리를 닮은 무서운 무기를 품안에

틸라크 흉상과 가네샤 상. 틸라크는 인도인의 역동성을 고무시키기기 위해 시바지를 힌두의 진정한 영웅으로 만들었으며, 무슬림 축제를 모방한 가네샤 축제를 부활시켜 수많은 힌두의 결속을 과시하기도 했다.

감추고 아프잘 칸을 만나, 무장하지 않은 무방비 상태의 그를 껴안고 숨겨놓은 무기로 살해하였다.

　서부영화의 싸구려 총잡이도 상대를 뒤에서 쏘거나 비무장한 사람을 공격하지 않는다는 사실을 생각하면, 시바지의 영웅 만들기에는 적지 않은 문제가 있는 게 사실이다. 그러나 이러한 비판을 접수한 틸라크는 적극적으로 시바지를 위한 변명에 나섰다. 그에 따르면 시바지의 행동은 "먼저 공격을 가한 아프잘 칸에 대한 정당방위"였고 따라서 '정당한 폭력'이었다. 목적이 정당하면 수단은 아무래도 좋으며 종교가 행동주의를 정당화한다는 것이 틸라크의 주장이었다. 그래서 결국 시바지는 근대 인도가 '발견'한 전설적인 전사의 전당에 올랐다.

　1897년 틸라크의 추종자들이 영국 관리들을 살해한 '정당한 폭력'은 그 여파였다. 당시 봄베이에는 역병이 창궐해 약 2만 명이 목숨을 잃었다. 영국인 담당관리는 전염을 막기 위해 강력한 방제 조치를 취했고, 오염된 지역의 재산을 처분하고 사람들을 격리하는 과정에서 힌두 사원의 파괴와 재산의 약탈 같은 불상사가 발생했다. 이에 대해 틸라크는 "아무리 온순한 사람들도 이러한 테러에 굴복하지는 않을 것이다"라는 선동적인 사설을 싣고 "우물 속의 개구리 같은 시각을 버려라. 형법(刑法)을 벗어나라"고 폭력 행사를 부채질했다. 그로부터 50년 뒤 마하트마 간디를 암살한 '정당한 폭력'의 주인공도 바로 마라타 출신이었다.

　마라타 왕국이 무슬림 술탄국의 지배에 항거하여 외친 구호는 "젖소와 농촌을 지킨다"였다. 젖소는 무슬림 술탄국과 대비

되는 마라타인의 종교인 힌두교를 상징하는 동시에, 남편에게
버림받고 시바지를 홀로 키운 시바지 어머니의 믿음이었다. 또
한 농촌은 자신들이 살고 있는 고향에 대한 의식이자 사랑, 즉
내셔널리즘이었다. 시바지와 마라타가 무슬림과 그 종교로부터
독립을 주장하며 사용한 자치라는 뜻의 '스와라지(swaraj)'는
"스와라지는 내 천부인권이다. 이제부터 나는 그것을 가질 것
이다"라고 선언한 이후 '스와데시' 구호와 함께 인도 독립운동
의 중요한 슬로건이 되었다.

"기마병(마라타족)들이 내려와서 평원의 사람들을 둘러쌌
다. 그들은 금과 은을 약탈했고 사람들의 손과 코, 귀를 잘랐
으며 때로는 사람들을 그 자리에서 살해하였다. 어여쁜 여자
들은 끌고 갔다."

"그들은 연신 '돈을 내놔, 돈을 내놔, 돈을 내놔'라고 소리
쳤다. 돈을 뺏지 못하면 사람들의 콧구멍에 물을 붓거나 저
수지에 던져버렸다. 어떤 이들은 목이 졸려서 죽었다. 돈을
가진 사람들은 돈을 주고 돈이 없는 사람들은 목숨을 주었
다……."

한 벵골 시인의 위 글은 1740년대 벵골 지방을 점령한 마라타
군대의 잔학성과 약탈의 습관을 잘 보여준다. 마라타 군대가 가
는 곳에는 언제나 약탈의 오명이 있었다. 마라타가 무굴의 계승
자가 되지 못한 데에는 사람들의 기억에 자리한 이 나쁜 이미

지가 크게 작용하였다. 19세기 말 시바지와 마라타 부족을 가장 열렬하게 숭배한 이들이 벵골인이라는 사실은, 물리적인 힘과 공격성에 대한 그들의 강박관념을 잘 보여준다. 마라타 부족은 이러한 부정적인 기록과 기억에도 불구하고 영웅적인 인도인, 무슬림과 대적한 용감한 힌두의 대명사가 되었고 영웅으로 널리 숭배되었다.[65]

마라타인들은 말을 타고 험준한 산악 지방을 누비고 다니면서 훗날 마오쩌둥과 호치민이 한 수 배운, 근대적인 게릴라전을 전개하여 명성을 드높였다. 군대와 화력이 압도적으로 열세인 시바지의 군대가 오랫동안 무슬림 술탄국, 특히 강대한 무굴 제국을 괴롭힐 수 있었던 것은, 벌떼처럼 나타났다가 바람처럼 사라지는 게릴라 전법 덕분이었다. 또 무굴의 아우랑제브 황제에게 사로잡혀 고문을 당하고 결국 살해된 마라타 왕국의 지배자 샴바지가 보여준 생애 마지막 며칠의 영웅적인 행적도 마라타인의 용기를 더욱 부각시켰다.

마라타는, 부와 힘을 겸비한 무굴 제국 쇠퇴의 일등공신이었다. 독실한 무슬림인 아우랑제브 황제는 무려 26년 간이나 마라타를 정벌하려고 심혈을 기울였다. 데칸 지방의 산채를 두고 계속된 마라타와 무굴의 뺏고 뺏기는 장군멍군 식의 전쟁은, 무굴의 풍성한 재정을 갉아먹고 수많은 생명을 데려가면서 지루하게 전개되었다. 50만 대군과 5만 마리의 낙타, 3만 마리의 코끼리 부대 등 '움직이는 도시'를 이끌고 친정(親征)을 계속한 나이 든 황제는, 마침내 마라타 정복을 포기하고 수도 델리로 귀환하는 길에 사망했다. 마라타를 상대로 보낸 30년의 허망한 세월을 탄식하듯 그는 쓸쓸한 유언을 남겼다. "나는 혼자 왔다가 이방인이 되어 혼자 떠난다. 나는 내가 누구인지 무엇을 했는지 알지 못한다."

　일찍이 1664년 수라트 지방을 공격하여, 간신히 마련한 영국 동인도회사의 무역사무소를 약탈한 이래 영국과 무굴 제국의 후계자 자리까지 노리면서 19세기 초반까지 중부 지방에 큰 세력을 떨쳤던 마라타인의 용맹성은 1857년 대반란에서도 여실히 증명되었다. 반란이 진행되는 동안 가장 열심히 싸웠고 가장 끝까지 버티며 영국의 자존심에 비수를 꽂은 반란군은, 양자(養子)라는 이유로 영국에 의해 왕위에서 퇴출된, 마라타 왕국의 마지막 지배자 바지 라오 2세의 후계자인 나나 사히브와 마라타 계열의 작은 왕국 잔시의 왕비 락시미 바이였다.

　락시미 바이는 자신의 양자를 왕위 계승자로 인정하지 않고 강제로 왕국을 병합해버린 영국을 상대로 놀라운 용기와 지휘력을 발휘해, 인도 역사상 최고의 헤로인이 되었다. 약관 20세의 몸으로 반란군을 이끈 락시미 바이는 가장 훌륭한 반군 지도자이자 전쟁터에서 전사한 유일한 지도자였다. 특히 남자처럼 전투복을 입고 말 위에 올라 기병을 진두지휘하여, 영국이 "동양의 지브롤터"라고 부른 장대한 괄리오르 성을 뺏은 락시미 바이는, 인도인의 용기와 '남자다운' 투쟁정신을 과시하여 적군인 영국의 헨리 로스 경까지도 "반란군 중에서 최고의 남자"였다고 칭송해 마지않은 진정한 1857년의 영웅이었다. "영국인이 내 시체에 손을 대지 못하게 하라!" 왕비는 최후의 순간에도 진정한 '남자'였다.

마라타 부족에 뒤지지 않는 또 다른 '우리들의 영웅'은 라자스탄의 전사 계층 라지푸트였다. 그들은 늘 수수께끼 같은 존재였다. 언제 어디에서 어떻게 왔으며 정체가 무엇인지 아무도 알지 못했다. 역사가들은 이들이 중앙아시아에서 살다가 훈족의 침입과 함께 인도로 이주했다고 말했지만, 막상 라지푸트는 스스로를 지금은 사라진 옛날 크샤트리아 태양족의 후손이자 훌륭한 아리아인이라고 여겼다. 중앙아시아의 광대한 평원을 가로지르며 영토 팽창을 계속하다 북부 인도를 침입한 용맹한 아리아인 정복자들의 후손인 이들 라지푸트는, 인도인이 나약하고 남성답지 못하다고 폄하했던 영국 지배자의 비난과 정의를 반박할 수 있는 살아 있는 증거 자료였다.

그들은 고대 아리아인이 가졌던 용맹함과 모험정신을 물려받았고 같은 조상을 가진 영국 지배자와 동일한 자질을 공유한 진짜 인도인으로 여겨졌다. 라지푸트가 소유한 공격성은, 용맹스럽고 호전적인 크샤트리아 가치의 구체적인 표명이었다. 그들은 전쟁을 스포츠로 여겼다. 심지어 중세에는 축제가 끝난 후 군대를 이끌고 이웃 지방을 공격하는 지배자가 이상적인 라지푸트의 왕으로 간주될 정도였다. 영국이 규정한 남성다움과 상무적인 종족의 규정에 가장 잘 맞는 라지푸트들은 백인처럼 키가 크고 강건한 체격을 소유했으며 거기에 용맹한 정신까지 겸비했다.

싸움을 잘한다고 영웅이 된, 글자 그대로 '왕의 아들'이라는 의미의 라지푸트는, 주로 라자스탄 지역에 살았지만 중부와 북부 지방에도 흩어져 살던 군인계층이었다. 뱅킴 찬드라 차터르지가 '자유'의 의미를 아는 유일한 사람들이라고 칭찬한 그들은 명예와 충성심을 소중하게 여겼고 그를 바탕으로 여러 무슬림 술탄국과 강대한 무굴 제국을 상대로 오랫동안 끈질기게 투쟁했다. 이방 출신의 무슬림 통치자에게 굴복하지 않고 차라리 "죽음을 달라"고 외친 라나 쿰바, 라나 프라탑, 라나 상가 등 뛰어난 라지푸트 영웅들의 이야기는, 1829년과 32년에 출간된 토드의 《라자스탄 연대기와 골동품》과 함께 벵골을 비롯한 여러 지방에서 선풍적인 인기를 끌었다.

그 중 무굴 제국의 시조 바부르가 성전(聖戰)으로 선포한 칸와하 전투(1527)에서 역사적 결전을 벌였으나 패배하여 무굴 제국의 탄생을 열어준 메와르 왕국의 지배자 라나 상가는, 라지푸트 연맹체를 주도한 뛰어난 전사였다. 백성들로부터 라마 신의 후계자이자 태양의 아들이라고 숭배된 그는 30개 라지푸트 부족연맹의 지도자로서 중앙아시아에서 침입한 바부르의 군대와 맞서 싸웠다. 그러나 각종 전투에서 80군데의 영광의 상처와 한쪽 눈과 한쪽 팔을 잃은 라나 상가는, 라지푸트 연맹의 분열과 우세한 기병을 소유한 무슬림 군대를 이기지 못하고 패배하였다. 하지만 라나 상가는 끝내 항복하지 않고 도주하여 호시탐탐 무굴 제국에 도전할 기회를 노린 인물이었다.

전성기의 악바르 대제와 끈질기게 투쟁해서 라지푸트의 영웅이 된 라나 프라타프도 라나 상가의 후손인 메와르 왕국의 지배자였다. 프라타프는 무굴의 침입을 앞두고 적군이 식량과 말먹이를 조달하지 못하도록 왕국의 일부를 초토화시키고 전쟁에 임하여 초반 전황을 유리하게 이끌었지만, 무굴의 구원병이 도착하면서 전세의 역전을 맞았다. 그는 다른 라지푸트 지배자들이 모두 무굴 제국의 종주권을 받아들인 고립무원의 상태에서 '적'과 타협을 거부한 채 25년 동안 홀로 무굴 제국에 도전했다. 메아르의 깊은 정글과 산속에서 야생열매를 따 먹으며 분전한 라나 프라타프의 생애는 라지푸트의 불굴의 용기를 상징했고 라지푸트가 배출한 최고의 영웅으로 칭송되었다.

그 외에도 1천 년 전(1192) 무하마드 가우리의 침입에 용감하게 항거하여 승리를 거두었으나 결국은 패배하여 인도에 무슬림 통치의 문을 열어준, 델리 인근의 힌두 지배자 프리트비 라자도 라지푸트 용기의 상징이었다. 어린이 도서에 보이는 프리트비 라자는 적에게 체포되어 눈이 멀었지만 충성스러운 신하의 도움으로 적장을 활로 쏘아 죽이고 장렬하게 최후를 마친 애국자였다. 연전에 인도가 개발한 '프리트비 지대미사일'은 바로 그의 이름을 붙인 것인데, 이는 무하마드 가우리의 이름을 딴 파키스탄의 미사일 '가우리'에 대한 방어와 승리의 의미였다.

심지어는 적에게 굴복하지 않고 불에 뛰어들어 죽음을 선택한 라지푸트 여성도 크샤트리아다운 인도 남성의 자기 확인에 중요한 역할을 하였다.[66] 이 시기 전설의 여왕이 된 라지푸트 여성은 아주 많았는데, 그 중에는 결혼식을 올리는 도중에 왕의 부름을 받고 전쟁터에 나가 그 다음날 전사한 신랑을 따라 죽어간 신부의 이야기도 있었다. 결혼식에 걸었던 화환이 채 시들기도 전에 사적인 일을 버리고 나라의 부름을 좇았던 용기 가득한 신랑과, 기꺼이 신랑의 뒤를 따른 신부의 용기는 라지푸트의 정신을 잘 웅변하였다. 라지푸트 여성들의 미덕은, 전쟁에

코끼리를 타고 행진하는 라지푸트. 전설적인 영웅 라나 상가와 라나 프라탑의 후예로, 명예와 충성심을 소중하게 여기고 강대한 무슬림 통치자에 대항해 끈질기게 투쟁한 이들 라지푸트는 힘센 인도인의 상징이었다.

나간 남자들이 끝까지 싸우도록 격려하고 남편들이 집에 남겨진 자신들을 걱정하지 않고 용감히 싸울 수 있도록 자결하는 아내이자 또 당당하게 싸울 용맹한 라지푸트 인종을 낳는 어머니로서 기능하는 것이었다.

14세기 초 메와르 왕국의 파드미니 왕비는 아마존과 같은 라지푸트 여성의 이상적인 여인상이었다. 델리 술탄국의 공격으로 왕국이 몰락하고 패배가 눈앞에 닥치자 성안의 모든 여성을 불러놓은 파드미니는 화장(火葬)할 장작더미 앞에서 외쳤다. "오늘 우리는 사티를 수행할 것이다. 라지푸트 여성에게 주어진 운명을 따르는 것은 얼마나 행복한 일인가? 우리의 적들이 이 광경을 목격하도록 하자. 우리 남자들은 영웅이었고 우리 여자들은 정조를 지킨다는 것을……." 목욕과 기도를 끝낸 왕비와 7백 명의 궁녀들은 기도문을 중얼거리면서 타오르는 장작더미에 조용히 올랐다. 영웅적으로 죽어간 여인들은 인도인이 지닌 불굴의 저항정신과 진정한 용기를 증명하는 아주 훌륭한 사례였다.

그렇다면 과연 라지푸트들은 진정 신데렐라의 구두처럼 이 시대 영웅의 모델에 딱 들어맞았던가? 역사적으로 라지푸트는 무굴 제국이나 그 뒤를 이은 영국과 쉽사리 타협하고 영화를 누린 기회주의자에 가까웠다. 라나 상가와 라나 프라타프가 강대한 무굴 제국의 군대와 외로운 싸움을 전개할 때, 대다수의 라지푸트 지배자는 무굴의 종주권을 인정하고 무굴 왕실과 결혼동맹을 맺으면서 행복한 협력자로 지냈다. 그들이 그토록 자랑하는 충성심은 무굴과 영국을 향한 사랑이었다. 마라타의 시바지를 패배시키고 그를 무굴 궁정의 아우랑제브 황제에게 끌고 간 인물도 라지푸트인 자이 싱이었고, 1876년 빅토리아 여왕이 황제로 즉위했을 때 앞다투어 충성을 다짐한 5백여 명의 인도 왕들 중 상당수가 라지푸트 지배자였다.

그 많은 영웅들은 다 어디로 갔는가? 영국 지배자로부터 여성적이라고 가장 많이 경멸받고 그 반동으로 마라타와 라지푸트 영웅들을 열심히 숭배한 벵골 지방에는, 그러나 '우리 벵골인의 영웅'이 없었다. 벵골인은 언제나 "나약해서 명예로운 일을 한 적이 없"었고 오욕적인 상황을 타개하기 위해 "분투할 줄도 몰랐다"고 쓴 뱅킴 찬드라 차터르지의 자조처럼, 11세기 이래 벵골 지방의 역사는 패배와 굴욕의 기록으로 점철되었다. 벵골 지방의 역사에서는 무슬림과 영국의 침투와 정복에 끈질기게 도전했던 마라타나 라지푸트 같은 투쟁적인 영웅의 이야기를 찾아볼 수가 없었다.

이 시대 연약한 벵골 남성들에게 '남성다운 옷'을 갈아입히려고 노력한 사람은 놀랍게도 캘커타 대학을 나온 한 여성이었다. 1872년 벵골 지방의 명문 타고르 가문에서 태어난 샤를라 데비 고샬은 멀리 남부 마이소르 지방에 교사로 취직하였을 정도로 진취적이고 역동적인 여성이었다. 그녀는 귀향 여행 도중에 벵골 남성이 마라타인이나 라지푸트 남성에 비해 신체적으로 왜소하고 훨씬 더 연약해 보이며, 그 인도인들은 너 나 없이 모두 백인에 대한 두려움을 가슴 한켠에 비밀처럼 감추고 있다고 느꼈다. 이후 샤를라 데비는 벵골인에게 내면화된 나약함을 지우는 운동을 전개했다. 벵골의 젊은이들에게 신체를 단련하라고 촉구하고 무술을 가르치는 도장을 마련한 그녀는, 벵골 지방의 역사와 신화를 이용하여 벵골 남성들이 마라타나 라지푸트 남성에 뒤지지 않는 투사적 기질이 있음을 증명하려고 노력하였다.

"벵골의 자식들은 국가적 유산을 체계적으로 박탈당했다. (우리가) 역사에서 배우는 교훈은 마라타인, 펀자브인, 라지푸트 등 용감한 종족에 관한 것뿐이다……. 벵골인은 영웅적인 전통을 물려받았다고 자랑하지 못한다……. 마라타인들이 얼마나 시바지를 자랑하는가?……. 그들이 시바지가 번성을 누리던 시절을 영웅적으로 증명했듯이 우리는 프라타파디티야의 통치 기간을 그렇게 만들자. 벵골 소년들이 마라타 형제처럼 고개를 높이 쳐들 수 있도록……."[67]

샤를라 데비가 벵골 지방의 영웅으로 구성한 인물은, 무굴 제국과 싸운 경력이 있는 벵골의 지배자 프라타파디티야였다. 샤를라 데비는 프라타파디티야를 마라타인의 영웅인 시바지에 필적하는 영웅으로 만들기 위해 어린이 도서를 통하여 그의 영웅적인 행적을 널리 알리는 한편, 프라타파디티야의 행동을 기리는 축제까지 개최하였다. 뿐만 아니라 프라타파디티야를 위대한 인물로 그린 소설도 출간되었으며, 그와 더불어 그의 아들 우디야디티야도 영웅의 반열에 올랐다.

후일 노벨상을 수상한, 벵골인 라빈드라나트 타고르는 벵골인에게 라지푸트의 강한 전사적 기질을 덧칠하는 샤를라 데비의 영웅화 작업에 강한 이의를 제기하였다. 프라타파디티야의 부정적 측면이 무시되었으며 무엇보다도 아버지를 죽인 프라타파디티야가 영웅이 될 자격이 없다는 주장이었다. 샤를라 데비는 이 비난에 대하여, 자신은 프라타파디티야를 도덕적 이상형으로 칭송하는 것이 아니라 무굴 제국에 도전하고 벵골 지방의 독립을 선언했던 '용감하고 남성다운' 힌두 지주(자민다르)로서 부각시키는 것뿐이라고 말했다.(68) 그리하여 프라타파디티야는 마라타의 시바지에 못지않는, 벵골 지방이 배출한 최고의 영웅이 되었다.

> 아이들이요? 누구의 아이들이지요?
> 우리 어머니의 아이들이지요.
> (중략)
> 누가 어머니인가요?
> 어머니는 국가를 말하는 것이지 살아 있는 어머니를 이르는 것이 아닙니다.
> 어머니와 모국은 천국보다 높답니다.
> 우리가 모든 사원에서 숭배하는 것은 당신의 모습입니다.

힘과 공격성에 대한 숭배는 칼리·두르가·샥티 등 강한 힘을 가진 여신을 애국·모국과 동일시하는 방향으로 전개되었다. 뱅킴 찬드라 차터르지는 소설 《아난드마스》에서 어머니[母] 신을 모국과 연결지었다. 칼리는 검은 얼굴에 빨간 혀를 쭉 빼

물고 사람의 해골로 만든 목걸이를 목에 건 채 시체 위에서 막 춤을 추는 무서운 모습의 여신이었다. 힘을 상징하기 때문에 도둑과 강도 집단의 숭배를 받은 칼리는, 19세기 영국의 가장 큰 골칫거리였던 비적 집단 터그가 숭배하는 여신이었다. 벵골인의 남자다움과 영웅화를 추구한 샤를라 데비는, 칼리 여신의 헤어스타일과 복장으로 힘의 여신과 자신을 동일시했다. 또 칼리 여신의 다른 모습(환생)이며 호전적인 라지푸트 왕가의 수호신인 두르가도, 호랑이나 사자를 타고 악마를 물리치는 8개의 팔을 가진 강력한 여신이었다.

《아난드마스》의 주제시 〈반데 마타람(어머니, 당신에게 절을 올립니다)〉은 위에 인용한 소설처럼 산탄족의 대무슬림 투쟁구호로 사용되었고, 모신과 벵골인의 모국을 상징하였다. 1905년 벵골의 영웅 프라타파디티야 축제 때 처음 구호로 사용된 〈반데 마타람〉은, 이후 애국적 운동과 반영투쟁의 구호가 되었다. 뱅킴의 시에 라빈드라나트 타고르가 곡을 붙인 노래 〈반데 마타람〉은 이후 호전적인 힌두 단체(RSS)와 독립운동가들의 애창곡이 되었고 지금도 타고르가 지은 국가(國歌)보다 더 많은 사랑을 받는다(이번 핵실험을 주도한 현정권 바라티야 자나타 당이 정권을 잡은 델리의 공립학교에서는 이 노래를 부르고 수업을 시작한다). 모신은 강하고 씩씩한 아이들을 낳아 훌륭하게 기르는 어머니 모국을 의미했고, 그 어머니를 이방의 족쇄로부터 해방시키는 것이 자식들의 의무이자 목표로 여겨졌다.[69]

일어나라, 오 누이들이여!

무서운 모습의 칼리 여신. 영국인들에게 여성적이라는 이유로 경멸받았던 벵골인들은 칼리 여신을 비롯한 남성다운 신들의 힘과 폭력을 동경함으로써 자신들에게 부과된 이미지로부터 벗어나고자 했다.

용감한 아내들과 어머니들이여!
그대의 아이들에게 가르쳐라.
젖을 물리면서
영웅의 전설을!
그리하여 자부심으로 피가 끓도록.

힘과 폭력을 동일시한 마라타 지방에서 영국 관리의 암살과 최초의 테러리즘이 생긴 것처럼, 프라타파디티야 축제나 힌두 멜라와 같은 대중적인 의식(儀式)을 통해 공격적인 자기 확인을 계속한 벵골 지방에서도 힘과 폭력을 사용하는 테러리스트 운동이 발전했다. 자기를 찾아온 젊은 혁명가에게 1857년의 헤로인인 잔시 왕국의 락시미 바이와 소설《아난드마스》의 산탄처럼 모국을 해방시키라고 조언하고,[70] 비베카난다의 혁명적인 어휘를 받아들여 무장폭력과 '국가주의는 종교'라고 토로한 아라빈도 고세를 비롯하여 극소수의 젊은이들은, 피를 좋아하는 칼리 여신을 숭배하며 요인을 암살하고 폭탄을 투척하는 등 힘과 영웅적인 애국심(벵골에 대한)을 증명했다.

남성다움에 대한 강한 집착은, 가부장적이며 군인다운 능력을 가진 영웅으로 19세기에 급부상한 크샤트리아 출신 라마와 크리슈나 신에 대한 재평가에서도 엿보인다.[71] 라다를 비롯한 수많은 여인과 초원을 뛰어노는 에로틱한 인물로 기억되던 크리슈나는,《바가바드 기타》에 보이는 인물로 재해석되었다. 틸라크 · 아라빈도 고세 · 비베카난다 그리고 나중의 간디에 이르기까지, 강한 인도를 열망하는 지도자들은 모두 행동(karma)을

활과 화살을 들고 있는 라마신. 강한 인도를 열망하는 인도인들에 의해 재창조된 라마신은 정의롭고 남자다운 지배자의 상징이 되었다.

외치는 《바가바드 기타》의 주석서를 펴냈다. 그리고 그 주인공 크리슈나 신은 전사적인 크샤트리아의 자질과 철학적인 사고력을 가진 이상적인 남성상으로 부각되었다.

대서사시 《라마야나》의 주인공 라마는 크샤트리아 계층인 소왕국의 왕으로 정의를 보장하고 도덕적 질서를 회복하는 이상적인 지배자로 여겨져왔다. 전통적으로 라마 신상(神像)의 이미지는 고통받는 사람들을 위한 시혜적인 영웅이었지만, 이 시대에 재창조된 라마는 활과 화살을 들거나 활시위를 당기는 모습 등, 주로 힘을 사용하고 행동하는 모습이었다. 라마는 아내 시타가 악마인 라바나에게 납치당했을 때에도 흔들리지 않고 통치에 몰두하는 남자다운 지배자인 동시에, 아내를 납치한 라바나를 징벌하는 남자다운 남편이었다. 나중에 반영투쟁을 이끈 간디는 라마의 통치(Ram-Raiya)를 이상적인 정치의 형태로 간주했다.

19세기 말에 벵골어 · 마라타어 · 힌디어 등 각 지방 언어로 쓰여진 수많은 역사소설과 역사소설류의 작품들은, 인도가 가진 현재의 종속성이 사실이 아님을 증거하는 내용이 대다수였다. 영국이 오기 이전의 역사에서 인도의 영웅주의와 용맹성을 예증하는 소설의 주인공들은 모두 실제 인물보다 크고 용감하며 남자다웠다. 대표적인 영웅인 시바지, 프라타파디티야, 프리트비 라자, 그리고 여러 라지푸트들의 영웅담은 벵골을 비롯한 여러 지방에서 베스트셀러가 되었다. 이 시대 영웅에 대한 숭배는, 틸라크의 말을 빌리면 "국민성과 사회질서, 그리고 종교의 기반"이었다.

수렁에서 건진 내 딸들

"종종 우리들은 여성보다 동물에게 더 잘한다. 사무실에서 상사에게 걷어차이면 집에 돌아와서 아내를 걷어차면서 화풀이를 한다."

19세기 후반에 진행된 사회개혁의 대부분은 위에 적은 벵골인의 고백처럼 동물보다 낮은 위상의 여성을 인간으로 올려주는 문제였다. 여성을 위한 사회개혁은, 무능한 인도 남성 대신 여성을 구원하고 보호하면서 자신의 남성다움을 한껏 과시하려는 영국과, "내 나라 내 여성은 내가 지킨다"면서 나약한 이미지를 벗고 "우리도 남성답다"며 근육질을 보여주려는 인도 남성이 벌인 한판의 전쟁이었다.

영국은 여성문제를 통해 우수한 지배자라는 자기 정의와 자기보다 못한 피지배자의 여성적인 이미지를 강조했고, 식민지 인도인은 자신들에게 부과된 정의를 부정하기 위해 남성적인 인도 남성의 이미지를 창조했다.

그러다 보니 19세기 말 인도 개혁가들이 추구한 사회개혁의 모델은 영국 지배자가 비난한 내용이었다. 3장에서 언급한 "여성의 위상이 문명의 척도"라고 주장한 제임스 밀을 기억하는가? 인도 개혁가들이 다룬 문제는 식민정부가 추진했고 문명국 남성들이 씩씩한 정의의 사도로 활약했던 바로 그 영역이었다. 다시 말하면 사티·여아 살해·여아 결혼·과부의 재가 금지·일부다처제 등 영국이 '힌두 문명의 적'으로부터 여성을 해방시키며 남자다움을 과시했던 바로 그 문제였다.

인도인은 영국 지배자의 공격과 비난을 잠재우기 위해 "도덕적·사회적·심리적인 이득에 해를 끼치며" 인도 "발전의 노정에 주요한 장애물"인 나쁜 관습의 개혁을 주장하였다. 그러므로 그 이외의 분야는 관심의 대상이 아니었고, 실제로 논의되거나 추진된 사회개혁의 영역도 앞의 범주를 벗어나지 않았다. 인도인이 추구하고 따라야 할 대상은 영국이 정의하고 소유한 남자다움이었고 인도 여성이 닮아야 할 이상적인 여성도 빅토리아 시대의 정숙한 영국 여성이었다.

배운 인도인들은 식민정부가 추진한 갖가지 사회적 관습의 개혁을 지지했다. "결혼과 더불어 아내의 절반은 남편의 소유라고 인정된다. 그러나 실제는 (절반은커녕) 열등한 동물보다 나쁜 대우를 받고 있다"고 개탄한 람 모한 로이는, 인도인 중에서 가장 먼저 사티를 비난하고 그 폐지를 주장하였다. 그에게 사티는 힌두교의 성서가 인정하지 않는 낡은 관습이었다. 일찍이 1800년대 말부터 사티의 폐지를 고려했지만 인도의 반발을 염려해서 주저했던 식민정부는, 람 모한 로이를 비롯한 일부 인도인의 청원과 지지를 등에 업고 사티의 폐지를 결정하였다. 그리하여 인도 남성은 관습의 악마로부터 인도 여성을 구해낸 씩씩한 왕자의 역할을 담당하게 되었다.

1856년 홀어미의 결혼을 허용하는 법안이 통과될 때, 가장 열심히 운동을 편 사람도 캘커타에 있는 산스크리트 대학의 학장이자 브라만인 이시와르 찬드라 비디아사가르(1820~91)였다. 그 해 비디아사가르의 주선으로 홀어미의 첫 재혼식이 거행되었다. "그날을 영원히 잊지 못할 것이다. 비디아사가르 사제가 친구들과 신랑의 행차를 데리고 나타났다. 구경꾼이 하도 많아서 발을 움직일 수가 없었고 많은 사람들이 발을 헛디뎌서 그만 길가의 하수도로 굴러 떨어졌다. 결혼식이 끝나자 온 시내가 그 이야기로 술렁거렸다." 그는 죽이겠다는 위협과 보수층의 강한 반대를 무릅쓰고 홀어미의 재가를 청원하는 운동을 이끌었고, 재혼을 감행한 스물다섯 쌍에게 금전적인 지원까지 해주었다. 브라모 사마지와 아리아 사마지도 여성의 재가 운동을 지지했다.

1892년 결혼승낙연령법안이 제출될 때에도 비베카난다는 "마치 종교(힌두교)가 12~3세의 아이를 어머니로 만드는 것처럼"이라고 어린아이를 결혼시키는 관행을 비난했다. 아리아 사마지는 아동의 결혼이 베다에는 보이지 않는 악습이라고 거들었고 케샤브 찬드라 센은 '성서의 타락'이라고 못박았다. 개혁가들은 어린 여아와 결혼하는 관습을 영국의 주장대로 "남자답지 못한 비겁한 행동"이라고 여겼다.

일부는 힌두 성서를 인용하여 초경이 있기 전, 즉 자궁의 개통식(*garbhadhan*)을 치르지 않은 여성과 성관계를 가져서는 안 된다고 부당성을 지적하였다. 또 봄베이에서 활동한 라나드는 사회개혁이 '힌두교의 전통'이라면서 12세의 나이에 9세의 아내와 결혼한 자기의 경험을 근거로 하여 아동 결혼을 반대하였다.

백인 지배자들이, 인도 여성이 영국 여성보다 억압과 차별을 받는다고 비난하자, 이들은 다시 '옛날의 금잔디 동산'의 신화로 돌아갔다. 고대 아리아 시대의 여성들은 작금의 인도 여성보다 행복했고 더 많은 자유를 누렸으며 영국 여성에 못지않을 만큼 높은 교양을 지니고 고상한 생활을 영위했다는 주장이었다. "오늘날 힌두 여성은 노예같이 취급받고 죄수처럼 갇혀 살며 짐승처럼 아무것도 알지 못한다. 그러나 우리가 1200년 전을 되돌아보면, 당시 여성이 존경과 교육을 받았고 속박되지 않았다는 사실을 알 수가 있다. 그때 아동의 결혼이 어디에 있었는가? 24세가 되기 이전에 결혼한 여성은 단 한 명도 없었다."

그러므로 사티와 여아 살해, 과부의 재가를 금지하는 관습 등 힌두가 실천하는 모든 악습은 무슬림이 침입하기 전에는 존재하지 않던 중세에 부가된 악행이라는 것이었다. 그 악습은 인도의 황금시대를 무너뜨리고 정복한 이방인(무슬림)의 억압적인 통치를 받는 동안에 생긴 불가피한 퇴적물에 지나지 않았다. 나당 연합군을 피해 낙화암에서 뛰어내린 백제의 3천 궁녀처럼 타오르는 장작더미에 뛰어들어 자살을 택한 파드미니 왕비와 그 일당의 행동은 용감한 크샤트리아 여인들의 불가피한 대안이었다. 힌두 여성들은 무슬림의 육욕의 대상이 되기보다 명예로운 사티를 선택한 것이다.

여아를 결혼시키는 나쁜 관습도 무슬림 통치의 소산으로 간주되었다. 여자를 강제로 끌고 가는 무슬림에게 희생되지 않으려면, 딸을 일찍 결혼시키는 것 외에 다른 방도가 없었다는 변명이었다.

그러나 고대의 마누 법전은, "힌두 여성이 24세 이전에 결혼한 적이 없었다"는 당당한 주장이 무색할 정도로 나이 어린 여

어린이의 결혼식. 아동의 결혼은 사티, 여아 살해, 과부의 재가 금지 등과 함께 인도의 악습 중 하나로 간주되었다.

자를 이상적인 신부감으로 칭송하였다. 24세 신랑과 8세 신부의 결합을 언급한 마누 법전은 또한 여성이 딸과 아내, 어머니로서 평생 아버지와 남편 그리고 아들에게 종속된다고 기록하였으며, 여성을 후방에 거주하는 자연적인 존재로만 간주했다.

"아, 옛날이여!" 아리아 시대의 영광과 잔인무도한 무슬림 통치라는 이분법적 관점은 서양 오리엔탈리스트의 주장을 그대로 채용한 것이었다. 그 논리를 따르면 인도 역사는 힌두 시대인 고대에 가장 찬란하게 빛났고 무슬림이 통치한 중세는 유럽의 중세처럼 캄캄한 암흑의 시대였다. 그리고 영국이 등장한 근대에 이르러 물리적인 힘에 의해 잃어버렸던 그 찬란한 힌두문명은 르네상스를 맞게 되었다.

역사적으로 허구에 지나지 않는 이러한 주장과 진술은, 서양의 공격과 비판의 대상이 되지 않는 인도 남성의 남성다운 이미지를 구성하는 동시에 무슬림을 적대자로 부각시키는 이중의 목표를 달성했다. 그러므로 이 시대의 사회개혁은 사회구조 자체를 바꾸는 진취적인 방향이 아니라, 질병처럼 돋아나 자란 힌두교의 찌꺼기를 제거하여 옛날 본래의 에너지와 생명력을 되찾으려는 움직임이었다.

이 시대 개혁가들은 '여성의 구원자'라는 이미지와 함께 여성을 지키는 '여성의 보호자'로서의 이미지도 추구하였다. 남성으로부터 보호를 받는 여성의 수동적인 측면을 강조하여 상대적으로 인도 남성의 우월성을 과시하는 방법이었다. 이렇듯 여성을 보호하는 남성의 의무를 주장하는 과정을 통해서, 여성에 대한 남성의 통제와 가부장적인 권위가 강화되었다. 어떤 점에서는 여성을 전통의 족쇄에서 해방시켜 문명의 길을 보여준 긍정적인 측면도 있었지만, 그 여성의 해방은 전통적인 가족구조와 남성에게 종속된 여성의 위치를 손상하지 않는 방향으로 흘러갔다.

 이 시대 대표적 선각자 중의 한 사람인 라빈드라나트 타고르가 한 에세이에서 표명한 성의 구분에 대한 가장 오래되고 끈질기게 계속된 신화는, 여성의 보호자와 구원자를 자처하는 이 시대 인도 남성들의 속내와 개혁의 목적과 방향을 알려준다. 타고르는 여성이 "신체적으로 약하게 태어났고" "재치는 있지만 남성처럼 심오한 지성을 가질 수 없으며" 그렇기 때문에 "많은 여자들이 음악을 배우지만 모차르트와 같은 훌륭한 음악가가 되지 못한다"고 설파했다. 그래서 신체적으로 연약하며 정신적으로 열등한 여성은 남성이 하는 '바깥일'을 할 수 없고, 어머니와 아내로서 '안'에서 최선을 다하는 것이 최고의 삶이라는 것이었다.

>"여성은 대개 신체적으로 남성보다 허약하다. 따라서 일부 남성들은 여성의 연약함을 이용하여 그들의 타고난 장점을 부인하고, 본질적으로 여성은 그런 장점을 취득할 능력이 없다고 말한다."

인도 남성이 여성에게 기대하는 역할은 지배자 영국이 식민지 인도인에게 부과한 역할과 비슷했다. 그런 점에서 타고르보다 앞서 살았던 람 모한 로이의 날카로운 위의 지적은 식민적 상황과 관련하여 시사하는 바가 적지 않다. 그러나 선구적으로 사티를 반대한 람 모한 로이도 "홀어미가 불 속에 뛰어들기보다는 금욕하고 참회하면서 은둔생활을 하는 것이 보다 절개 있는 행동이다"라고 생각했다. 그 역시 여성을 남성과 대등한 선상에 놓을 만큼 진취적이진 못했던 것이다.

무슬림 정복자에게 굴복하지 않고 죽음을 선택한 파드미니 왕비와 궁녀들의 이야기는 용기의 상징이자 인도인의 용맹과 남성다운 가치를 웅변하는 사례로 칭송되었지만, 그와 동시에 절개를 지키는 것이 여성의 가장 중요한 미덕이라는 남성들의 가치를 반영하였다. 즉 여성에 대한 남성의 성적 이용을 당연하게 인정하고 전쟁터에서 망가지는 여자는 죽느니만 못하다는 메시지를 전하였다. 이러한 관점은 기독교 윤리인 정결과 일맥상통하고, 열정(성욕) 없는 빅토리아 시대 여성의 성적 순수성에 대한 신화와 닮아 있었다.

역사가 없는 곳에서는 신화가 자리를 차지했다. 19세기 말 남성다움의 대표적 표상으로 부상한 라마 신에 걸맞게, 그의 아내 시타도 순종적이고 자기 희생적이며, 가장 여성적인 인도 여성이 되었다. 《라마야나》의 일부 이본(異本)에는 그녀가 악마의 화신 라바나에게 납치돼 멀리 랑카(스리랑카)로 끌려가는 장면이 포함되어 있다. 그 때문에 시타는 남편으로부터 정절을 지키지 못했다는 의심을 받지만 온갖 모욕을 참고 견디며 '백설 같은 과거'를 증명한 후에 남편으로부터 용서를 받았다.

이 시대 문학은 남편을 곧 하늘로 여긴 시타 이외에도, 남편의 천국행을 보장하기 위해 불타는 장작더미에 올라 남편의 황천길을 동행한 사티, 그리고 "그대가 가는 곳이 나의 길이니 당신이 이끄는 곳으로 따라가리라"라며 죽은 남편을 좇아 저승까지 간 사비트리를 이상적인 힌두 여성으로 칭송하였다. 공주의 몸으로 남자가 1년 안에 죽는다는 사실을 알면서도 숲에서 귀양 중인 남자와 결혼을 감행한 사비트리는, 결국 염라대왕을 감동시켜 남편을 살려내고 부상으로 아들까지 점지받은 현모양처의 대명사였다. 시타 · 사티 · 사비트리 삼총사가 보여준 정결 · 자기 희생 · 헌신 · 인내는 이 시대 여성이라면 누구나 지켜야 할 값진 덕목이었다.

인도 지식인들은 귀부인을 수호하는 씩씩한 기사처럼 여성에 관한 모든 것을 관장하고 간여하였다. 여성이 지켜야 할 적절한 옷차림과 행동규범은 물론이고 여성의 먹을거리와 사회적 역할까지 규정한 개혁가들의 이상적인 여인상은, 빅토리아 시대 영국의 숙녀(lady)를 닮은 정숙하고 다소곳한 시타 · 사비트리 · 사티였다. 거칠고 상스러우며 잘 싸우는 여염집의 무식한 여인들과 구별되는 정숙한 중산층의 여인들은 남자처럼 먹고 (술을) 마시고 (담배를) 피우지 않는 영적인 순수성을 지닌 존재여야 했다.

"어떤 문명국이라도 현재 우리나라 여성이 입는 의복에는 반대할 것이다. 이는 수치를 모르는 행동이다. 교육을 받은 남자들은 이러한 옷차림에 반대한다. 그들의 대다수는 여성들이 개화된 의복을 입게 되길 바란다."[72] 열대 지방에 사는 인도 여성들의 옷차림은 시원하게 신체를 드러내는 것이 보통이었지만,

점차 빅토리아 시대의 영국 여성처럼 머리카락까지 꼭꼭 감추는 것이 문명이자 개화라고 여기게 되었다. '부끄러움'이 뭔지 아는, 즉 몸을 가릴 줄 아는 여성이 여성적인 여성이었다.

바람만 불어도 쓰러지는 가냘프고 수동적인 여성상을 창조하여 상대적으로 남성미를 돋보이게 하고자 했던 여성의 옷차림에 대한 담론은, 다시 영원한 원흉 무슬림의 존재와 연결되었다. "인도 여성들은 나와브(무슬림 총독)의 여인들을 모방하여 속이 훤히 비치는 옷을 입기 시작했다. 그 결과 벵골의 여인들은 갠지스 강에 목욕을 하러 나가거나 초대를 받을 때에도 조금도 부끄러움을 느끼지 않는다." 이처럼 여성들은 거칠고 두꺼운 옷감으로 몸을 단속하여 남성의 시선을 차단해야 한다는 개혁가들의 권유는, 남성의 시선에 여성을 종속시키는 가부장적 사고의 작품이었다.

"남자와 여자가 만나서 함께 이야기를 나누고 먹고 마시며 여행을 하는 사회에서는 여성의 매너가 거칠며 영적인 자질이 부족하고 동물적인 성질이 두드러져 보인다. 이와 같은 이유 때문에 그러한 사회의 관습은 결점이 많다고 생각된다. 어떤 사람은 여성과 밀접한 연계를 가진다면 남성의 성격에 부드러움과 영적인 특질이 더해질 것이라고 주장한다. 이 점은 나도 인정하는 바이지만 여성의 성격이 거칠어지고 타락하는 것과 남성이 부드러운 성질을 얻는 것이 상쇄될 수 있는가?"

여성은 여성다움을 잃지 말아야 한다는 위 발언은, 곧 여성이 그 여성다움을 유지할 수 있도록 보호하는 새로운 인도 남성상을 말한 것으로 역시 가부장적 생각의 소산이었다. 그리하여 여성다움과 가부장적 한계를 벗어나지 않는 한도 안에서 여성의 교육과 사회활동이 장려되었다. 일찍이 1820년대에 최초의 여학교가 문을 열었고 1880년대에는 대학을 졸업한 첫 번째 인도 여성이 탄생했다. 그러나 교육의 내용은 교육을 받은 신식 여성이 《인형의 집》의 노라처럼 집을 뛰쳐나가지 않도록 항상 현모양처를 강조하였다. 당시 영국 여성 교육의 목표도 여성을 '바깥'에서 경력을 쌓거나 독립적인 존재로 키우는 것이 아니었다.[73]

그러므로 벵골의 한 여성이(1875) "여성이 배워야 할 과목 중에서 가장 중요한 것은 가사(家事)이다…… 여성이 아무리 많은 것을 배웠어도 가사에 능숙하지 못하다면 어떤 명성도 주장할 수 없을 것이다"라고 주장하고,[74] 한 벵골 신문의 사설 (1889)에서 "힌두 여성에 대한 최고의 교육제도는…… 그들에게 힌두의 아내가 가져야 할 귀중한 가정의 가치를 심어주는 것이다"라고 훈계한 것은 모두 시대의 반영이었다.[75]

빅토리아 여왕의 이름을 붙여 벵골 지방에 빅토리아 여학교를 세우고, 서양과 닮은꼴을 적극적으로 추구한 브라모 사마지의 지도자 케샤브 찬드라 센도, 여성 교육의 목표가 남녀평등을 실현하거나 여성의 지위를 향상시키는 것이라고 생각하지는 않았다.

그의 주장을 그대로 옮기면, 여성 교육은 "남성적인 교육이 되지 않도록 피하고 여성의 감수성을 보다 부드럽게 계발하고 그 특수한 필요성에 부응"하는 것이었다. 그렇기 때문에 훌륭한 현모양처를 만드는 데 필요불가결한 가정경제 · 도화 · 음악 · 요리 · 자수 · 위생 등 가사와 관련된 과목들을 교과과정에 포함시켰다.

여성에 대한 교육을 환영하고 많은 학교를 설립한 아리아 사마지는 "여성에게 고등교육을 시키지 않는 국가는 성장할 수 없다"라는 진취적인 발언을 했지만, 그 역시 교육내용은 재봉 · 요리 · 자수 · 위생 등 바람직한 힌두의 아내와 어머니를 양성하는 가사 중심의 커리큘럼에 치중하였다. 말하자면 '좋은 아내'가 '훌륭한 여성'이었다. 그러나 지배국의 우수한 여성을 모방한 이 시대 여학교의 커리큘럼은 종종 인도의 현실과 동떨어졌다. 대다수의 여학교에서 가르친 자수는 영국 여성 사이에서는 유행이었지만 인도 여성들은 전통적으로 해오지 않던 새로운 '가사'였다.

이렇듯 영어교육을 받은 인도의 지식인들은, 가부장적이고 과도한 남성다움을 대표하는 영국 사회를 모방했으며, 인도 여성의 구원자로 자처하는 지배자들에 대한 대응과 반격으로 여성문제에 간여하고 사회개혁과 개선을 추진하였다. 그들은 진정한 여성의 해방에 관심이 없었고, 또 노예가 아닌 여성의 '적'인 남성이라는 자신의 한계 때문에 '스파르타쿠스'로서 활약하지 못했다.

그러므로 "억압을 받는 자만이 자유에 관심을 가진다. 자유의 자연적인 보호자는 항상 억압받는 계층에서 나온다"라는 알베르 카뮈의 전망은 19세기 인도의 실정에는 적합하지 않았던 셈이다.

5장
'인도'의 발견

자유인의 혈관은 광맥처럼 단단하다.
종속자의 혈관은 덩굴손처럼 연약하다.
- 이크발, 《이크발 시집》

먼저 남부 닐기리 산악지대의 민담 하나를 살펴보자.

한 여인이 장에 가는데 힌두와 무슬림이 소 한 마리를 두고 서로 자기 것이라고 다투고 있었다. 아무리 우겨도 해결이 나지 않자 두 사람은 지나가는 여인에게 중재를 요청했다.
"아주머니, 누가 이 소의 주인이라고 생각하시오?"
"잠깐만요. 음, 앞에서 보면 무슬림 당신의 소로 보이는데 뒤에서 보니까 힌두 당신 것이군요."

한 마리의 소를 두고 서로 주인이라고 다투듯이, 천 년 동안 함께 살아온 인도라는 땅을 두고 힌두와 무슬림 간에 싸움이 시작되었다. 이미 앞에서 본 것처럼, 무슬림에 대한 힌두의 반감은 강한 힌두교와 남성적인 인도인의 신화를 지지하기 위해 구성되고 키워졌다. 위대한 아리아 문명의 계승자인 힌두를 희생자로 여기고 이방 출신의 무슬림을 공격적이고 독재적이며 비창조적인 타자로 설정한 서양의 오리엔탈리즘과 영국 식민주의가, 거기에 도덕적인 지원과 구체적인 자료를 제공하였다.

그 대표적인 인물은 19세기 초 벵골 지방에서 활동하며 전국을 여행한 바 있는 헤버 주교(主敎)이다. 그는 인도인에게 무슬림의 존재를 아주 친절하게 다음과 같이 일러주었다. "우리(영국)는 그들(인도)을 점령하지 않았다. 오직 그들이 (무슬림에게) 점령당했다는 사실을 발견해주었을 뿐이다. 그들(인도)의 이전 지배자들(무슬림)은 우리(영국)와 마찬가지로 인도인과 혈통이나 종교가 전혀 달랐다. 그리고 그 지배자들은 우리보다 훨씬 더 억압적이었다."

이제 무슬림은 인도의 구성원이 아니라 남이었고 그것도 철천지 원수였다. 인도는 지배자 영국이, 인도에게서 정치적 자유와 진짜 인도인의 자질, 즉 크샤트리아성(性)을 빼앗아버린 무슬림을 용맹한 '전사'라고 규정하고 경외하면서 자신들을 연약하고 여성적이라고 경멸하는 것을 견딜 수가 없었다. 지배자에 의해 '여성적'이라고 정의된 힌두의 남성다움을 반증하는 길은, 자신을 정복하고 억압했던 무슬림을 패배시키고 '황금 송아지'를 길렀던 옛날의 힌두로 돌아가는 것이라고 여긴 것은 그 논리적 귀결이었다.

낯익은 타인

현재 인도를 억압하는 세력은 영국이지만 그들은 세계에서 가장 강성한 국가였으므로 그에 대한 도전은 무모하게 보였다. 하지만 과거의 도로에서 만난 옛날의 적, 옛날의 지배자 무슬림은 만만했고 싸워볼 만한 상대였다.

그리하여 무슬림은 영국 대신 매를 맞아야 할 희생양이자 푸코가 말한 '일탈자'가 되었다. 강한 인도를 추구하는 사람들은 그 열망에 부응하지 않는 일탈자인 무슬림을 배제하는 과정을 통해 힌두라고 가정되는 구성원들의 사회적 결속과 소속감을 공고하게 다질 수 있었던 것이다. 역사적으로 바깥에서 온 소수의 무슬림들은 갑자기 하나의 집단으로 묶여서, 지배적인 인도 문화에 동화되지 않고 그것을 거부하는 '타인'이자 '에일리언'으로 규정되었다.

11세기부터 시작된 힌두와 무슬림의 동거는 서로 다른 믿음과 종교적 실천에도 불구하고 그때까지는 비교적 평화로웠다. 힌두는 3억이 훨씬 넘는 수많은 신과 우상을 숭배하지만, 무슬림은 유일신 알라와 《코란》의 가르침을 따를 뿐 일체 우상을 섬기지 않았다. 또 모든 신도의 형제애와 평등을 내세우는 무슬림과 달리 힌두는 불평등에 근거를 둔 카스트 제도와 위계질서를 가지고 있었다.

무슬림은 힌두들이 숭배하는 신성한 소를 도살해 쇠고기를 먹었고, 낮은 계층의 힌두는 무슬림이 금기로 여기는 돼지를 길러서 그 고기를 먹었다. 무슬림은 춤과 노래, 술을 멀리했지만 힌두는 춤과 노래, 술을 즐기고 눈과 귀를 자극하는 요란한 축제를 벌였다.

그래도 힌두와 무슬림은 함께 사는 법을 배우고 익혔고 한 마을에서 너와 나의 경계 없이 뒤섞여 살았다. 이들은 같은 하늘을 올려다보고 동일한 공기를 마셨으며 희노애락을 함께했다. 아랍이나 페르시아, 터키 등지에서 온 진짜 이방 출신의 무슬림은 사실 무슬림 인구의 5퍼센트도 채 안 되었고 나머지는 무슬림으로 개종한 낮은 카스트 출신의 힌두 농민들이었다.

극소수의 무슬림 인구로 다수의 비무슬림 인구를 통치하기 위해서는 '코란이냐, 칼이냐' 또는 '개종, 아니면 죽음'이라는 강압적인 방식은 통하지 않았다. 대다수의 무슬림은 이슬람교의 신비주의파인 수피(suffi)의 영향을 받아 개종했고 종전처럼 힌두들과 소 전통을 공유하였다. 수피의 소박한 신앙생활과 종교적 윤리, 명상 그리고 수련 방법 등은 원래 힌두적인 성격이었다. 중세 무슬림 시인 카비르가 자신의 정체성을 "카비르는 알라 신의 아들이자 라마 신의 아들"이라고 노래한 것은 그 때문이었다.

그런데 19세기에 와서 힌두는 갑자기 무슬림이 타인이라는 것을 발견하였다. 기억의 저편에 잠들어 있던 가즈나 왕조의 마흐무드가 떠올랐고, 힌두 사원을 파괴하고 그 자리에 이슬람 사원을 건축한 여러 무슬림 통치자의 이름도 선명해졌다.

가즈나의 마흐무드는 1001년부터 1027년까지 무려 17회나 인도를 침략하여 약탈과 살육, 파괴를 자행한 공포의 술탄이었다. 그는 일일 참배객이 1천여 명이 넘는 서해안의 솜나트 힌두 사원을 파괴했고 엄청난 부를 약탈했으며, 귀국할 때 힌두 신상의 일부를 자갈을 만들어 모스크 앞에 깔고 밟은 무서운 무슬림이었다.

힌두교와 힌두들이 소지했던 힘은 그의 출현과 함께 보름달이 이지러지듯이 시들어버렸다.

힌두들이 강가(갠지스 강)를 비롯한 성스러운 강에서 목욕을 하거나 순례 여행을 못하도록 금지했던 일부 악랄한 무슬림 지배자에 대한 기억도 어제의 일처럼 떠올랐다. 그들은 이슬람 개종을 거부한 힌두를 탄압하고 때로 죽이기도 했다. 델리에 첫 무슬림 술탄국을 세운 알라딘(?~1210)과 할지 왕조(1290~1320), 그리고 델리를 초토화시키고 엄청난 재물을 약탈해간 사마르칸트의 티무르(1336~1405) 등 모든 무슬림 지배자는 공통적으로 전쟁을 좋아하고 독선적이며 이교도를 억압하는 특질을 갖고 있었다.

잔인무도한 무슬림의 침입과 통치를 그렇게 오랫동안 경험하고도 아직도 힌두에게 남자다움이 남아 있다면 그건 정말 놀라운 일이라고 여겨졌다.

"이 나라의 쇠퇴와 불운은 이방인(야바나)이 벵골 땅에 들어서는 순간에 시작되었다. 포학한 이방의 통치는 이 나라를 황폐하게 만들었다. 폭풍이 정원을 파괴하고 난장판을 만들어놓듯이 압제적이며 파렴치한 이방인의 통치는 우리가 태어난 이 땅, 벵골 지방의 행복과 행운을 말살하였다. 끝없는 억압에 시달리면서 벵골인은 무력해지고 소심해졌다. 벵골인의 종교는 왜곡되었다……."[76]

'르네상스'로 불린 19세기에 각 지방의 언어로 발표된 수많은 작품들은 경쟁을 벌이듯이 무슬림을 야만적인 억압자로 그렸다. 종교적 관용책을 쓰고 힌두인 라지푸트와 결혼동맹을 맺은 악바르 황제를 제외한 모든 무슬림 지배자가 힌두를 억압하고 차별한 인물로 묘사되었다.

그들이 통치하던 중세는, 말하자면 인도사의 암흑기였다. 그들은 인도 역사의 발전에 아무런 기여도 하지 않고 오직 자신들의 권력과 영광을 추구한 이방의 지배자일 뿐이었다. 힌두에게 그들의 종교인 이슬람은 이상적인 종교의 반의어나 다름없었다.

인도 내셔널리즘의 발흥에 가장 큰 영향을 주었고 그래서 역사가들에게 가장 많이 인용되는 뱅킴 찬드라 차터르지의 《아난드마스》는, 무슬림 통치에 대한 힌두들의 반란(1770년 산야시 반란)을 다룬 작품이다.

이 책 4장의 '힌두교는 힘이 세다'에서 인용된 글과 다음 글에서 감지되듯이, 뱅킴 찬드라 차터르지는 무슬림을 명백히 인도의 적으로 규정했지만 자신이 봉직하는(그는 식민정부의 높은 관리였) 강한 영국에 대해서는 사랑과 미움의 양가적인 입장을 드러냈다. 그러나 사실 무슬림에 대한 공식적인 반감과 투쟁은 영국에 대한 도전을 상징하는 은유적인 표현이었다고 할 수 있다.

"어떻게 무슬림 통치가 우리를 보호합니까? 우리는 종교와 카스트, 가문의 명예를 잃었습니다. 그리고 이제 우리의 목숨까지 잃게 되었습니다. 이 방탕한 돼지들을 내쫓지 않고서 어떻게 힌두교가 부흥할 수 있다는 것입니까?"

뱅킴 찬드라 차터르지의 또 다른 소설 《라즈싱하(Rajsingha ; 라지푸트 메와르 왕국의 왕)》에도 무슬림에 대한 적대감이 가득 담겨 있다. 소설에 등장하는 무굴 제국의 대황제 아우랑제브는 "힌두를 미워하기 위해 태어난" 사악한 인물로 그려졌다. 아우랑제브 황제는 이슬람을 신봉하지 않는 모든 힌두에게 지즈야〔人頭稅〕를 거두고 유명한 힌두 사원들을 파괴했으며, 신성한 암소를 살해하고 강제로 힌두의 이슬람교 개종을 추진했다. 그러나 아우랑제브 황제의 갖가지 '죄목'을 낱낱이 열거하고 또 황제의 딸(Zevnisha)의 방탕함을 묘사하여, 힌두보다 도덕적으로 열등한 무슬림의 이미지를 전한 소설들은 실제 역사와는 거리가 있었다.

하지만 독자들은 역사소설을 역사적인 사실과 구별하지 못했고 그것이 바로 소설이 거둔 효과였다.

라다챠른 고스와미(1859~1923)가 1879년에 힌디어로 쓴 단막극 〈인도는 이방인의 정권〉에 보이는 무슬림의 통치 시대는, 여성을 납치하여 겁탈하고 신성한 암소를 도살하며 힌두 사원을 더럽히는 연대기의 누적이었다.

힌두라면 누구나 살아 생전에 한 번은 가보고 싶어하는, 힌두의 최고 성지 바라나시의 유서 깊은 힌두 사원 옆에 높이 서 있

는 아우랑제브의 모스크는, 말하자면 인도의 '가슴에 난 상처'
와 같았다. 무슬림들은 아이들을 죽였고 강도짓을 했으며 번성
하던 인도의 '연꽃 정원을 마구 짓밟은 미친 코끼리'로 인식되
었다.

> 무슬림은 화장할 불꽃을 두려워하고
> 힌두는 매장할 무덤을 두려워한다.
> 둘은 그 두려움 속에서 죽어간다.
> 그것이 둘 사이의 증오이다.[77]

옛날의 평화롭던 인도는 억압적인 무슬림의 출현과 함께 실
낙원이 되었다! 무슬림 문명의 본질은 폭력과 공격성이었고 힌
두와 힌두교는 그 폭력의 희생자로 여겨졌다.

같은 논리로 라마 신의 출생지 아요디야에 있던 라마 사원을
무슬림 황제(바부르)가 파괴하고 그 자리에 모스크를 세웠다는
주장에 근거한 논쟁은, 20세기 후반까지 힌두-무슬림 사이에
서 최대 쟁점이 되었다. 이 시기 힌디어로 애국적 시를 적은 프
라타프나라얀 미스라(1856~94)는 이보다 한 걸음 더 나아가 무
슬림으로부터 받은 과거의 굴욕을 보복하고 상실한 용기를 되
찾아 전사와 같은 자랑스러운 힌두의 정체성을 갖자고 주장하
였다.

또 마라타 지방의 틸라크는 무슬림에 의한 힌두의 억압과 착
취를 강조하면서, 무슬림 축제를 모방한 가네샤 축제를 1893년
에 부활시켜 반무슬림 정서를 확산했다. 공공장소에 거대한 코

끼리 머리를 가진 가네샤 신상을 마련하고 10일 동안 체력시범과 거리행진을 벌여 수많은 힌두의 집합적 숭배를 과시하며 우상숭배를 하지 않는 무슬림을 면전에서 자극한 틸라크는, 1896년부터 무슬림을 물리친 영웅 시바지의 축제까지 열어서 '우리' 힌두의 결속과 '저들' 무슬림의 배제를 강화했다. 마라타 지방은 시바지 축제 이후에 힌두-무슬림의 연계성을 완전히 잃어버렸다.

잔인한 침입자 가즈나 왕조의 마흐무드를 따라서 인도에 왔던 무슬림 역사가 알 비루니는, 마흐무드가 휩쓸고 지나간 뒤 힌두들의 모습을 "여기저기로 흩어지는 먼지처럼" "입 속의 옛날이야기처럼"이라고 적었다.

그러나 그는 또한 무슬림의 침입이 "이 세상에 자기 나라만한 나라가 없다"고 믿는 지극히 배타적인 힌두에게 이방인에 대한 증오심을 심어주었고, 이후 그에 대한 보복이 늘어났다는 사실도 함께 기록했다.[78]

무슬림들이 1천 년에 가까운 오랜 시간 동안 그렇게 호전적이고 탄압적인 지배를 한 후에도 인도 무슬림의 인구가 소수에 불과하다는 사실은,[79] 이슬람이 성공을 거두지 못했다는 명백한 증거였다. 그러나 무슬림은 인도인들과 그 종교를 탄압한 낯익은 타인, 공존할 수 없는 이방인이 되었다.

인도의 발견

오늘날 우리가 교과서에서 만나는 인도의 주요한 유적들은 거의 모두 19세기에 발견되었다. 아잔타 석굴·카주라호 힌두 사원·산치와 사르나스의 불탑·아소카 석주 등 오랫동안 정글 속에서 잠자던 유적들은, 남자답게 말을 타고 사냥을 하던 영국인 왕자들이 찾아낸 인도의 귀중한 문화유산이었다. 특히 아소카 대왕과 그 시대를 구체적으로 역사의 호적에 올린 브라미 문자 해독도 이때 영국인 프린셉(1799~1840)에 의해 이루어졌다. 또한 19세기 말에는 아주 중요한 결과를 낳은 무형의 유적도 발견되었다. 그것은 배운 중산층 인도인들이 상상의 정글에서 발견한 '인도'라는 이름의 국가였는데, 이는 힌두들이 거주하는 땅을 지칭했다.

새로 발견된 그 인도의 주인은 무슬림이나 기독교인처럼 분명하게 구획될 수 있는 '힌두'였다. 힌두라는 정의는 실제로 존재하는 다양다기한 수천의 종파를 하나의 집단으로 간주한 편의적인 발상의 산물이었다.

그것은 '다수의 힘'과 관련되었고, 허약하고 여성적인 인도의 이미지에 대한 반동의 의미를 지녔다. 집단의 크기는 바로 힘의 열쇠이자 자물쇠였다. 만약 힌두 집단이 통일된다면 무슬림이나 기독교인보다 훨씬 수가 많을 것이고, 다수의 힌두는 소수의 무슬림보다 강한 법이었다. 역사가들은 광대한 인도가 소수의 영국인에게 쉽사리 나라를 넘겨준 원인을 분열이라고 적지 않았던가.

강한 인도를 위하여 통일된 힌두, 곧 하나로 뭉뚱그린 힌두 집단이 필요했다. 그래서 '전체 인구-(무슬림+기독교인+불교도+자이나교도+시크교)=힌두'라는 단순한 산수공식이 만들어졌다. 전체 인구 중에서 무슬림과 기독교인, 시크나 불교도, 자이나교도처럼 자신의 종교를 분명하게 언급하지 못하는 모든 사람들에게는 힌두라는 이름의 꼬리표가 붙었다.

'글쎄요'라고 하는 회색분자나 무소속은 모두 힌두로 간주되었고 무신론자가 설 땅도 없었다. '저것'이 아니면 모두 '이것'이었다. 그건 영국이 제시하고 부과한 이분법적 범주화의 모방이었다.

이제 힌두는 총인구의 약 80퍼센트를 차지하는 대집단이 되었다. 1881년 펀자브 지방의 인구 센서스 책임자는 "자기의 믿음을 정의할 수 없거나 이미 인정된 종교가 아닌 이름으로 기술한 사람들은 힌두로 분류한다"고 정의했다. 그렇게 19세기 후반부터 진행된 인구 센서스는 상상의 다수인 힌두를 구체적인 집단으로 실증하였다. 아리아 사마지가 무슬림과 시크 인구가 많은 펀자브 지방에서 이슬람교와 시크교로 개종했던 하층 힌두들의 재개종(정화사업)을 적극적으로 추진한 것도 바로 힘을 늘리는 방편이었다.

"도대체 이름이 무슨 소용이란 말인가? 장미를 다른 이름으로 부른다고 해도 그 향기는 여전히 달콤한 것을."《로미오와 줄리엣》에 보이는 셰익스피어의 이 말씀은 이 시기 인도 실정에는 맞지 않았다. 어제의 그 남자가 오늘의 그 남자였지만 갑자기 그 남자의 이름이 소중해졌다.

원래 '힌두'라는 이름을 가장 먼저 사용한 이들은 인도를 통치한 무슬림들이었다. 그들은 자기들과 구분하여 인도(옛이름 힌드)에 사는, 이슬람을 믿지 않는 사람들을 몽땅 힌두라고 불렀다. '전체 인구 – 무슬림 = 힌두'인 셈이었다. 그것은 곧 힌두를 무슬림의 타자로 여긴 상대적인 명칭이었다. 그러나 무슬림이 단일한 집단이 아니듯 수억의 힌두들을 질서정연한 하나의 고리로 엮을 수는 없었다. 힌두 집단은 실제는 존재하지 않는 베네딕트 앤더슨이 말한 그 '상상의 공동체'이자, 무슬림과 보낸 천 년의 세월을 접어버린 어네스트 르낭의 '망각의 공동체'였다.

지금도 스스로를 힌두라고 여기는 인도인을 만나기란 쉽지 않다. 19세기에는 더욱 그랬을 것이다. 그러나 강한 힌두교와 '우리들의 영웅 찾기'를 통해 발견한 그 힘은 상상의 힌두, 가정된 힌두에게 전위되었다.

이제 힌두는 삶이 의미와 방식이 다른 모든 사람들을 끌어안는 단어였다. 무신론자는 물론이고 무슬림 성자의 무덤을 찾는 사이비 힌두, 그리고 여우를 숭배하거나 성황당과 동구 밖의 고목을 믿는 자도 모두 힌두에 포함되었다. 또한 무슬림처럼 쇠고기를 먹거나 죽은 사람을 화장하지 않고 매장하는 사람들, 카스트에 끼지 못하는 불가촉민과 부족민까지 모두 힌두로 간주되었다. 기독교나 이슬람과 달리 종교의 창시자나 예언자를 가지지 않는 힌두교는, 스스로 힌두라고 여기는 사람들을 지배하는 가이드라인이 없었고 그래서 누구나 언제든지 힌두라고 여길 수가 있었다.

그러나 기독교처럼 강하고 남성적인 종교를 증거하기 위해서는 힌두교의 통일적인 성격을 강조해야 했으므로, 일관되고 합리적이며 베다의 전통을 따르는 브라만들의 철학적인 믿음이 그 중심이 되었다. 인도 역사의 새벽에 말을 타고 모험을 감행한, 그리고 아리아인의 언어인 산스크리트어를 사용하고 성서를 가진 브라만들은, 인도 정복 초기에 영국에 의해서 인도를 대표하는 계층으로 간주되었다. 영국은 통치의 편의를 위해서 '미지의 나라' 인도와 지배자를 연결한 브라만들의 조언을 받아들였고 그들의 성서(smrti)인 《마누의 법전(Dharmashatra)》을 채택하여 힌두법을 만들었다. 그 대칭은 무슬림 인구를 위해 제정된 이슬람법(Shariat)에 기초한 무슬림법이었다. 이후 소수 브라만들이 따르고 지키던 법이 모든 힌두의 일상을 지배하게 되었다.

사실 브라만은 총인구의 5퍼센트도 되지 않는 소수 계층(1931년 4.7퍼센트)이었고 각 지방에 거주하는 모든 브라만을 동일한 집단으로 볼 수도 없었다. 다만 그들은 산스크리트어를 이해하고 그 언어로 쓰인 성서를 해독할 수 있는 능력을 공유했을 뿐이다.

"나는 몰라요." 힌두라고 불리는 인구의 대다수는 산스크리트어를 이해하지 못했고 힌두 성서의 내용은커녕 그 이름조차 알지 못했다. 그러므로 힌두교의 대전통에 대한 강조는 다수의 힌두 집단, 즉 서로 다른 신을 숭배하고 상이한 종교적 관행을 가진 다양한 사회적 집단을 한데 묶어 힌두라고 간주하는 '상상의 공동체'와 모순되었다.

그러나 각 지방에 존재하는 민속적인 힌두교와 다양다기한 소 전통을 초월하는 힌두교의 통일성에 대한 강조는, 여러 지역 간의 거리감과 분리의식을 줄여서 힌두의 전국적인 일체감 형성과 확산에 크게 기여하였다.[80] 특히 19세기 후반에 진행된 커뮤니케이션의 발달, 철도를 비롯한 교통망의 증진과 확대, 그리고 행정과 경제구조의 통합은, 공통의 지적 배경을 소유한 배운 인도인들의 '우리'라는 공감대와 통일된 힌두교에 대한 인식을 수평적으로 확대하는 기반으로 작용하였다. 그러나 이러한 움직임의 수직적 확산은 1920년대 간디의 출현까지 기다려야 했다.

강한 힌두교와 남성다운 인도를 향해 통일된 힌두 집단이 나아갈 원칙은 뱅킴 찬드라 차터르지의 글에서 명확하게 드러났다. 그는 무슬림이 자신의 종교를 폭력적으로 신봉하고 또 권력에 대한 야망이 컸다고 파악하면서 이제 힌두도 "이러한 원칙을 섭취하여…… 무하마드 시대의 아랍처럼…… 강하게 될 것이다"라고 전망했다. 뱅킴 찬드라는 힌두가 호전성을 소유하면 식민화의 문제가 해결될 것이라고 믿었다.[81] 1880년대 말부터 한동안 계속된 호전적인 힌두-무슬림 집단의 물리적 투쟁은 억압받는 '우리의 종교'라는 의식에 좌절감과 분노가 더해져 한층 격렬해졌다.

특히 1880년대 말과 1890년대 초에 계속된 암소 보호(*gaurakshini*) 운동은 힘과 폭력이 연루된 무슬림에 대한 호전적인 투쟁이었다. 가장 먼저 암소 보호를 제창하고 '암소 보호

힌두들이 전개한 암소 보호 운동은 무슬림에 대한 호전적인 투쟁이었다. 무슬림에 의해 신성한 암소가 도살되는 것을 막아야 한다는 이 운동은, 더 많은 사람들을 힌두의 이름으로 결속시키는 데 기여했다.

회'를 조직한 아리아 사마지는 '코란·알라·무슬림'의 호전성에 주목하고, 식민정부에 무슬림의 '암소 도살 금지'를 청원했다. 힌두의 '영혼을 위한 암소'와, 무슬림의 '신체를 위한 암소' 사이에 힘의 마찰이 생겼고, 가장 극심했던 1893년에는 전국적으로 45차례의 폭동이 발생하여 1백여 명이 희생되었다. 신성한 암소가 도살되고 이방의 무슬림에게 위협받는 힌두의 이미지는, 배운 대도시 중산층 엘리트들을 넘어 더 많은 사람들을 힌두의 이름으로 '결속' 시키는 데 기여했다.

> "우리는 봄베이, 마드라스, 펀자브 지방이 가까워지길 바라듯이 인도의 과거에 대한 올바른 지식을 갖고 싶다. 우리 자신을 충분히 깨닫고 시간과 공간 속에 존재하는 우리의 정체성을 이해하고 싶은 것이다."[82]

타고르의 염원처럼 지배자 영국이 소유한 남성다움을 '과거' 속에서 찾아내 그 속에서 조우한 '우리들'은 곧 '현재' 다른 지방의 '우리들'과 연결되었다. 벵골의 프라타파디티야·마라타의 시바지·용감한 라지푸트 영웅 등 부당하고 억압적인 무슬림에게 성공적으로 저항하고 투쟁했다는 공통점을 가진 힌두 영웅들의 역사는, 점차 지역을 넘어서 전(全)인도적으로 해석되었고 전체 인도의 역사로 바뀌었다. 벵골인의 영웅과 마라타와 라지푸트, 그리고 시크들의 영웅은 지리적 경계를 초월하여 인도 전체의 영웅이 되었다.

그 영웅들이 싸운 대상인 무슬림을 바깥에서 온 힌두의 타자로 간주하기 시작한 것은, 즉 인류학자 버나드 콘이 말한 '집단의 대상화'는 일찍이 1876년부터 목도되었다. 벵골 지방에서 해마다 개최된 힌두 멜라(축제)에서는 힌두의 정체성을 아리아 인종이라고 주장하고 '아리아인의 나라(Aryavarta)'를 바라트, 즉 인도와 동일시했다. 또한 그 땅 아리아인의 나라에 살고 있는 비아리아인, 즉 무슬림은 힌두의 타자로서 구분되었다. 이보다 앞선 1873년 벵골 지방에서 간행된 한 잡지(Madhyastha)에 게재된 다음 글에서도 무슬림이 비인도인으로 정의되었음이 분명해진다.

> 같은 땅에 거주한다는 사실이 같은 국가에 소속되는 것을 의미하지는 않는다……. 힌두는 이 땅의 옛 거주인이었고 수천 년 동안 이곳에서 살아왔다. 또한 그들은 인구의 다수를 차지하는 사람들이다. 그들이 비록 국가로서 패배했다고 하더라도 이곳은 힌두들의 땅이지 약탈자들의 나라가 아니다. 오직 힌두만 '모국 인도(Bharat Mata)'의 합법적인 자식인 것이다. 힌두가 가지고 있던 부(富)와 존엄성, 재산과 왕국의 위상, 그리고 토지를 빼앗은 자가 누구이던 간에 형용사 '국가의(national)'를 사용할 수 있는 유일한 권리는 오직 그들 힌두에게만 있다…….[83]

"힌두스탄은 우리의 것이다!"
"힌두스탄에 거주하는 사람은 힌두이다!"

이러한 개념은 인구의 5분의 1을 차지하는 무슬림을 배제한 채 인도를 힌두교를 믿는 인구로만 구성된 나라로 여기는 협의의 국가 인식이었다. 그렇게 하여 일찍이 인도를 정복하였다가 물러간 알렉산더가 말했던 '인더스 저편의 땅' 인도는 '힌두' '힌두교' 와 연결되었다.

말하자면 게젤샤프트를 형성하기 위해 새로운 게마인샤프트가 탄생한 셈이었다.[84] 브라만에서 무신론자에 이르는 천태만상의 힌두를 결속시키는 데 크게 기여한 프라타프나라얀 미스라의 시(詩), 그 중에서도 특히 '힌디, 힌두, 힌두스탄' 이 세 음절은 이러한 인식을 널리 확산시키는 효과적인 슬로건이 되었다.[85]

> 진정으로 네 복지를 바란다면
> 바라트의 자식들이여, 연합하여
> 한 목소리로 계속 암송하거라.
> 힌디, 힌두, 힌두스탄을.

힌디(언어)와 힌두(국민) 그리고 힌두스탄(영토)으로 연결된 '인도'는 후일 네루(1889~1964)가 그의 저서 《인도의 발견》에서 규정한, 이방인에게 침략을 당하고 정복되었지만 전통의 본질을 잃지 않고 자유를 향해 씩씩하게 나가는 그 인도였다. 네루는 인도를 "오랜 문화적 배경"과 "삶에 대한 공통의 관점을 가진 힌두스탄"이라고 정의하여 사실상 무슬림을 인도의 구성원에서 제외했다.[86] 마하트마 간디의 말대로 종교는 "사람들을 분리"시키는 것이 아니라 "하나로 결속하는" 수단이었고, 간디는 간과하고 싶었지만 이는 특히 적대적인 종교가 존재할 때 효과적이었다.

그러나 힌디어는 모든 힌두가 사용하는 언어가 아니었다. 그것은 네루가 태어나서 활동한 지역이며 아리아인의 후예가 사는 땅이라고 간주된, 북부 지방 일부 사람들의 언어였다. 또 힌디어 증진과 힌두 대학 설립을 주장하는 운동이 가장 활발했던 곳은 바로 네루의 출생지 알라하바드였다.

네루처럼 흰 피부를 가지지 않은, '석탄처럼 검은 피부'의 비아리아인이 사는 남부 지방의 언어는 무시되었다. 힌두스탄도 원래는 북부 지방의 갠지스 평원을 일컫는 단어였지만 19세기 말에 와서 무슬림을 제외한 힌두들이 거주하는 땅으로 상상의 지리부도에 그려졌다.

결과적으로 19세기에 인도를 발견한 교육받은 인도인들은, 산스크리트어와 깊은 사랑에 빠졌던 서양 오리엔탈리스트들의 공모자였다.

영국 지배자는 자신의 우월성을 강조하고 통치의 편의를 위해서 오리엔탈리즘을 차용했지만, 교육받은 인도인들은 그들과 대등한 위상과 닮은꼴을 강조하면서 그 정의에 대항하기 위해 고대 아리아인의 영광과 오리엔탈리즘을 이용하였다.

그 대표적인 경우가 1940년대 초반 독립운동가 네루가 감옥에서 저술한 《인도의 발견》이었다. 네루는 인도의 영광을 '과거'에서 찾고 그 정체성을 오리엔탈리즘이 구성한 지식에서 '발견'하였다.

그러므로 인도는 1947년 실제로 파키스탄과 분리 독립하기 전에 이미 태어난, 환상과 사실이 엮어 짠 상상의 국가였다. 그 상상된 정체성의 정치화는 뒤에 이루어졌다. 1885년 영어를 배운 성공한 도시 엘리트가 주축이 되어 창설된 인도 국민회의 (Indian National Congress)는, 1885년 무슬림을 힌두의 타자로서 인식하지 않았고 세속적인 입장을 견지하였다. 초기 국민회의에 상정된 안건은 사회적 갈등을 피하기 위해 거의 경제와 정치문제에 국한되었다. 그러나 20세기에 국민회의가 이끈 반식민주의, 반영운동은 무슬림을 배제하고 '획득'한 힌두 인구의 결속력에 크게 의존하였다.

"인도에는 다른 국적을 가진 사람도 거주한다."

19세기 최고의 무슬림 지도자 사이드 아마드 칸(1817~98)의 이 발언은 곧 힌두 집단의 배타적인 움직임에 대한 무슬림의 답변이었다.

인도의 지배자로 군림했던 천 년 간의 기억에 매달려 바뀌는 세상의 막차를 탔던 무슬림들은 마냥 앞서가는 힌두에게 상대적인 박탈감과 두려움을 느꼈다. 1870년대부터 지방자치제와 의회대표제가 도입·실시되었지만, 식민정부의 말단 관직과 기초의회는 영어와 서양교육을 빨리 받아들인 힌두 엘리트들의 독무대가 되었다. 무슬림들은 자신들이 소수이며 열세라는 사실을 절감하였다.

따라서 친영적인 색채를 유지하면서 힌두 집단처럼 다양한

봄베이에서 첫 모임을 가진 인도 국민회의. 국민회의 창설 초기에는 아직 힌두-무슬림의 관계가 악화되지 않은 상태였다. 그러나 이후 이들 간에 갈등이 심화되자 국민회의는 힌두의 대표로 활동하게 되었고, 무슬림들은 그들만의 독자적인 조직인 무슬림 연맹을 결성하게 된다.

존재의 무슬림을 하나의 집단, '상상의 무슬림'으로 통합할 필요성이 대두되었다. 사이드 아마드 칸은 먼저 무슬림의 영적 지배자 칼리프의 정당성을 부정하는 발언으로 중동 지방 무슬림과의 연계성을 약화시키고, 힌두와 다른 공통의 이익을 가진 인도 무슬림의 정체성을 그려내는 작업을 벌였다.

1885년 서북 지방 라호레에 설립된 이슬람방어회(*Anjuman-i-Himayat-i-Islam*)는 호전적인 힌두교와 다른 종교(시크교와 기독교)의 도전에 용감하게 응전하는 무슬림의 입장을 표명했다. 힌두에 의해 가장 억압적이며 광신적인 지배자로 낙인찍힌 아우랑제브 황제는 이슬람 제국을 수호한 용맹한 무슬림 통치자로 추앙되었다.

무굴의 귀족 출신인 사이드 아마드 칸은 19세기에 서양 사상과 인도의 이슬람 전통을 연결한 다리였다. 그는 유대적(Judaic)인 유산과 그리스의 지적 전통을 공유한 이슬람교가 기독교 사상과 근본적으로 닮았다고 주장하였다. 또한 이성과 계시(啓示)가 두 종교체제의 기반이므로 인도의 무슬림도 서양의 사상과 얼마든지 타협하고 조화될 수 있다고 믿었으며, 그것을 바탕으로 서양의 과학과 교육제도를 받아들이는 데 앞장섰다.

사이드 아마드 칸은 영국을 다녀온 후 케임브리지 대학을 모방한 앵글로-오리엔탈 대학을 알리가르에 설립하여 힌두 엘리트에 대응하는 무슬림 엘리트의 양성기관으로 삼았다. 그가 세운 앵글로-오리엔탈 무슬림 대학은 수많은 무슬림 지도자를 배출해냈고 20세기에 진행된 파키스탄 운동의 지적 기반이 되었다.

인도와 파키스탄이 분리 독립되자 파키스탄으로 가기 위해 앞다투어 열차에 오르고 있는 무슬림들. 힌두와 무슬림은 분리통치의 묘수를 깨달은 영국에 의해 서로를 타자로 인식하게 되었고, 이들의 갈등은 핵실험 공방에서 알 수 있듯이 오늘날까지 계속되고 있다.

국민회의 창설 초기에는 아직 힌두-무슬림의 관계가 악화되지 않은 상태였다. 봄베이에서 열린 국민회의 첫 모임에 참가한 무슬림은 총 참석자의 18퍼센트나 되었고, 1887년에는 무슬림 판사 바드루딘 티야부가 의장을 역임하기도 했다. 그러나 무슬림은 마라타(봄베이 지방)의 틸라크와 펀자브 지방의 아리아 사마지로 대표되는 호전적인 힌두의 자기 확인 운동에 밀려서, 점차 국민회의에서 존재의 의미와 가치를 상실해갔다.

1885~93년까지 국민회의 연례회의에 참석한 무슬림은 연평균 50명이었지만 암소 보호 문제와 연계된 힌두-무슬림 폭동이 절정을 이루었던 1893년 이후에는 그 수가 연 7명으로 크게 줄었다.[87]

결국 무슬림은 1906년 다수를 차지하는 힌두의 영향력을 제어하고, 힌두의 대표로 활동하는 국민회의에 대응하기 위하여 전(全)인도 무슬림 연맹(All-India Muslim League)을 결성하였고, 그 얼마 후에는 '분할 통치(divide and rule)'의 묘수를 깨달은 영국의 식민정부로부터 상상의 집단 '우리의 무슬림'으로 구성된 분리 선거구를 인정받았다.

무슬림 연맹은 영국이 상무적인 부족이라고 선호한 무슬림 인구가 다수를 차지하는 서북 지방에서 이슬람 국가 파키스탄이 탄생하는 데 모태가 되었다.[88]

오늘, 그리고 내일

내가 이 글에서 살펴본 것은 눈에 보이는 역사의 저변에서 진행된 또 다른 변화였다. 이는 강력한 이질적 사회와 대면한 인도가 자기 정체성을 확인해가는 진보적 과정이었다. 일부 학자는 그 정체성이 힌두교에 뿌리를 두었다는 점을 지적하면서 보수적이라고 비난하지만, 19세기의 힌두교는 인도의 상실된 자아의 피난처이자 미래를 약속하는 치료제였다.[89] 보수와 변화, 근대화와 전통이 반드시 제로섬 관계는 아니었던 것이다. 다시 말하면 인도는 영국이 규정한 서양이나 영국의 타자가 아니라 그냥 인도였고, 동양과 서양이 적절하게 섞인 식민주의의 잡종이었다.

그런 점에서 인도의 것을 전적으로 부정하고 서양의 것을 전적으로 수용한 데로지오(1809~31)와 그 추종자(Young Bengal)들을 언급해야 할 것이다. 예배 시간에 힌두교의 성서 《바가바드 기타》 대신에 그리스 호머의 《일리아드》를 암송하고 칼리 여신의 신상을 향해서 "안녕하세요, 마담?"이라고 인사하며 인도적인 것을 부정한 그들은, 공공연히 술을 마시고 햄과 쇠고기를 먹어서 보수적인 벵골 사회를 뒤흔들었다. 자기 나라에 대해서는 아무것도 모르면서 서양에 있는 산과 강의 정보는 줄줄이 펫던 그들. 그러나 콜레라로 젊은 나이에 죽은 데로지오와 함께 그들의 존재는 유성처럼 금세 사라졌다. 그게 전부였다. 결국 인도는 영국이 아무것이나 써 넣을 수 있는 빈 칠판이 아니라 수억의 인구와 수천 년의 역사를 소유한 나라였다.

나는 서양을 전적으로 수용한 것도 전적으로 부정한 것도 아닌 인도의 야누스적인 정체성이, 지배자 영국이 정의한 '우리'와 '그들' 간의 양극화와 이분법을 허물었다고 여긴다. 그건 동양과 서양, 고대와 근대, 이성과 감성이 뒤섞인 진짜 잡종이었다. 학교 폭력에 시달리는 학생에게 "그것이 네 운명이야"라면서 계속 얻어맞으라고 권고한다든지, 약한 학생이 지닌 착한 마음으로 폭력학생을 감화시켜보라는 주장 따위는 얼마나 공허한가. 약자는 늘 '후방'에서 '전방'에 있는 강자의 보호와 처분을 받으면서 살아야 하는가? 개인에게도 적용하기 어려운 그 주문을 국가간의 관계에서 기대할 수는 없다.

그렇다고 공격이 능사는 아닐 것이다. 때로는 차선(次善)과 '돌아가는 길'을 선택할 수도 있다. 식민지 인도는 자기를 억압하는 강한 자에게 직접적인 공격을 가하는 대신에 강한 자를 자기의 일부로 수용하는 간접적인 방식을 취했다. 반(反)이 아닌 합(合)이 정(正)을 결단낸다고 여겼던 것이다. 그래서 기독교가 수많은 신을 가진 힌두교를 공격하자 인도는 기독교를 공격하는 대신에 그리스도를 힌두 신전의 수많은 신의 하나로 받아들였다. "강한 자가 지배하는 사회에서 약자는 그 규칙을 깨든지 아니면 사라져야 한다"는 조지 오웰의 말이 새삼스럽다. 세상의 저편으로 사라질 수야 없지 않은가.

이 글에서 내가 추적한 '인도'의 발견은 보편적으로 동의된 과정이 아니다. 아마도 그런 건 없을지도 모른다. 수억의 인구가 포함된 한 국가의 정체성이 형성되는 과정에는 수많은 요인과 상황이 복잡하게 연루되기 때문이다. 다만 한 가지 분명한 것은 과거(역사)와 힌두교를 포용하면서 서양도 짝사랑한 19세기 인도의 모습이 현재 인도의 한 얼굴이라는 사실이다. 그 야누스적인 정체성은 1998년의 핵실험에서 그대로 드러났다. 서양 강대국들만 가진 핵을 내보이며 "인도는 강대국이다"라고 주장하는, 우리가 살펴본 19세기의 그 익숙한 모습 말이다.

그러므로 식민주의가 종결된 후에 '대지의 저주받은 자들'인 식민지인이 새로운 자기 자아, 진정한 자신을 되찾을 것이라는 에드워드 사이드와 프란츠 파농의 전망은 틀린 셈이다.[90] 독립은 정치적·경제적 지배와 착취의 해방일 뿐 식민적 정신의 해방은 아니었다. 식민지 시대에 오리엔탈리즘이 구성한 과거, 즉 베다와 《우파니샤드》를 소유한 위대한 영혼의 나라 인도가 오늘날 인도의 진짜 전통이 되지 않았는가? 내가 서두에서 식민주의를 '아픈 경험'이라고 말한 것은 그 때문이었다. 그렇게 '진정한 것'은 영원히 가버렸다.

오늘도 서양은 '신비한 동양'이니 '아시아적 가치'니 하면서 신비하지 않은 자신들이 동양과 다르다고 여기지만, 동양은 그와 반대로 서양과 닮았다는 사실을 보여주려고 기를 쓴다. 이제는 진부해보이는 '세계화'라는 구호도 실은 서양에 대한 동양의 짝사랑, '서양 닮아가기'가 아니고 무엇인가.

물론 인도인은 식민주의라는 이름의 역사적 무대에서 수동적으로 움직인 삼류 배우는 아니었고 오리엔탈리즘까지도 능동적으로 이용할 줄 알았다. 이 점에서도 동양을 오리엔탈리즘의 희생자로 파악한 에드워드 사이드 교수의 판단은 어긋났다. 문제는 식민주의 '쇼'가 진정으로 인도인의, 인도인을 위한, 인도인에 의한 것이 아니었다는 사실이다. 그렇다고 서양을 닮고 자신을 찾은 야누스적 인도를 가짜 인도, 문화적으로 패배한 '식민주의의 사생아(아시스 난디)'라고 불러야 하는가? 그렇다면 적자(嫡子)는 누구이며 진정한 인도는 무엇이어야 하는가?

 서양을 내면화하고 그 서양과 대등한 인도의 전통을 외면에 내세우며 1천여 년의 시간을 뭉텅 도려내버린 19세기의 인도가 진짜 인도는 아닐 것이다. 진정한 인도는 에드워드 사이드의 '팔레스타인'처럼 돌아가고 싶지만 존재하지 않는 부재(不在)의 이름이다. "나는 동양과 서양의 이상한 혼합체가 되었다. 내 사고와 삶에 대한 접근 방식은 동양보다 서양에 가깝다"라고 고백한 자와할랄 네루를 떠올려본다. 독립한 인도의 초대 총리를 지낸 그는 "인도를 통치한 마지막 영국인"이라고 불릴 정도로 준수한 '영국 신사'였고 소문난 세속주의자였지만 화장한 자신의 유해를 갠지스 강에 뿌려달라고 유언했고 그렇게 떠나갔다.

 순도 100퍼센트의 진짜 인도, 즉 절대적인 순수가 존재하지 않는다면, 그리고 역사가 변화의 집적이라고 정의한다면, 결국 우리의 해답은 동양의 '중도(中道)'로 돌아오게 된다. 그들과 우리, 힌두와 무슬림, 내 것과 남의 것, 여성과 남성, 동양과 서양, 그리고 후방과 전방의 적절한 공존 말이다. 그렇게 하면 물리적 사랑법의 폐해와 그 반동을 피하고 남성이나 여성이 자유롭게 '전방'과 '후방'을 선택할 수 있지 않을는지. 역사책의 페이지를 장식한 수많은 사례는 헤게모니가 있으면 레지스탕스가 있고 압제에는 혁명이 수반된다는 사실을 보여준다. 니체의 지적대로 '마지막 혁명'은 환영이다.

그러므로 어제보다 나은 오늘과 오늘보다 나은 내일, 그리고 한 사람보다 두 사람, 두 사람보다 열 사람이 행복한 사회를 지향하는 것이 우리의 과제이자 의무이다. 사이드가 말한 '망명 상태'는 어디에도 소속되지 않는 존재이지만 동시에 어디에도 속할 수 있는 상태이다. 예전에 시인 타고르의 뇌리를 스쳤던 다음의 생각은 혹시 "나는 내가 누구인지 알지 못한다. 무엇을 했는지도 알 수 없다"라고 고백한 아우랑제브 황제의 결말을 피하는 한 가지 처방이 될 수 있지 않을까?

농촌에 있으면 나는 인도인이 된다.
캘커타 시에 닿으면 유럽인이 된다.
어느 쪽이 내 진정한 자아인지 아는 자는 누구뇨?

주석

1. Thomas Szasz, *The Second Sin* (London, 1974), p. 20.
2. Suniti Namjoshi, *Feminist Fables*, Saint Suniti & The Dragon(New Delhi, 1995), p. 211(이옥순 역, 《신데렐라가 집을 나간 이유》, 책세상, 1997).
3. 힌두 국가주의를 고수하고 이번 핵실험을 주도한 인도 인민당(Bharatiya Janata Party)은 1925년에 세워진 RSS(*Rashtriya Swayamsevak Sangh*)의 한 분파가 1951년에 설립한 Bharatiya Jana Sangh을 흡수하여 1980년에 창당되었다.
4. Rudyard Kipling(1865~1936)은 인도 봄베이에서 출생하여 유년기를 보내다 7세에 영국으로 귀국했다가 1882년에 다시 인도에 와서 저널리스트로 활약하며 작품을 썼다. 그의 작품은 한결같이 영국 제국주의를 정당화하는 내용을 담았다. 주요 작품으로는 *Plain Tales from Hills*, *Soldiers Three* 등이 있다.
5. Genevieve Lloyd, 'Selfhood, War and Identity', Carole Pateman & Elizabeth Gross, eds., *Feminist Challenges*(Boston, 1986), pp. 63~4.
6. William McKinley Runyan, *Psychology and Historical Interpretation*(Oxford, 1988), pp. 247~85.
7. 인도의 '뿌라나'에 따르면, 마누는 대홍수 후에 살아 남은 동·식물과 함께 새로운 세계를 만들기 시작했다. 1년 후에 물 속에서 어여쁜 '마누의 딸'이라는

이름을 가진 여자가 태어났다. 두 사람은 결혼해서 아이를 낳았고 현재 인류의 시조가 되었다.

8. 영국은 '블랙 홀(Black Hall)'이라고 불린 이 사건을 인도의 야만성을 증명하는 좋은 예증으로 삼았다. 그 운명의 일요일, 벵골의 지배자 시라지의 군대에게 포위된 유럽인은 문이 하나밖에 없는 작은 방에 갇혔고 더위와 혼탁한 공기로 인해 많은 사람이 질식사했다. 영국은 146명 중 123명이 죽었다고 기록했지만 학자들은 그 수가 상당히 과장된 것으로 추정한다.

9. 1700년부터 시작된 영국의 중국산 차 수입은 1784년, 수입관세가 내린 뒤 급격하게 증가했다. 19세기 초, 영국 정부 재정 수입의 약 10퍼센트가 차 수입에서 나왔다. 또 동인도회사는 수익의 7분의 1을 이 아편무역에서 얻었다. 그러나 1834년 동인도회사는 자유무역에 대한 요구의 증가로 중국에 대한 독점 무역권을 상실했다.

10. 인도가 영국 경제에 가장 크게 기여한 분야는 영국이 다른 국가와의 무역수지에 요긴하게 쓴, 대인도 수출 잉여금이었다. 예를 들면, 1913~14년 인도의 수출입 현황은 다음과 같았다. 인도의 대영국 수입액은 117억 루피, 수출은 58억 루피로 59억 루피가 적자였다. 그러나 인도의 총 무역수지는 수입 183억 루피, 수출 249억 루피로 66억 루피가 흑자였다. 결국 인도의 무역수지 흑자는 영국과 교역에서 나온 적자를 상쇄했고 영국은 대인도 무역에서 얻은 흑자로 다른 국가와 무역적자를 결제했다. 수입품은 주로 완제품이었고 수출품은 원료를 비롯한 1차 생산품이었다.

11. 1600년도 초 소수의 무역회사 직원으로 시작된, 인도에서 영국의 역사는 항상 소수라는 물리적 한계를 가지고 있었다. 영국 식민주의의 전성기인 1901년에 실시된 인구 센서스에 따르면 인도에 거주하는 총 유럽인(영국인을 포함)은 겨우 17만 명에 불과했다. 당시 인도의 총인구는 2억 9천 4백만 명이었다.

12. 동인도회사의 관리양성을 위해 설립된 헤일리버리 대학은 1858년 동인도회사의 폐지와 함께 문을 닫았다. Erick Stokes, *The English Utilitarians and India*(Delhi, 1982), pp. 51~2.

13. Arther Maghew, *The End of India*(London, 1925), p. 15.

14. *Report of Education Commission*(Calcutta, 1988), 99. 32, 36.

15. Denis Judo, *The British Raj* (London, 1972), p. 92.

16. E. M. Forster, *A Passage to India*, 1924.
17. Charles Allen, *Plain Tales from the Raj*(New Delhi, 1993), p. 193.
18. S. Gopal, *British Policy in India*, p. 153.
19. Arthur Brittan, *Masculinity and Power*(New York, 1989), p. 5.
20. Sara Ellis, 'The Daughters of England', P. Hollis, *Women in Public : The Women's Movement 1850~1900*(London, 1979), pp. 15~6.
21. Jane Lewis, 'Sexual Divisions Women's Work in Late Nineteenth-Century England', S. Jaykleniberg. ed., *Retrieving Women's History*(UNESCO, 1988), p. 153.
22. Janet Sayers, *Sexual Contradictions*(New York, 1986), p. 170에서 인용.
23. 'The Natch Girl', John Mackenzie, *Propaganda and Empire*(Manchester, 1984), pp. 54~5.
24. Edward Said, 'Orientalism Reconsidered', F. Barker et al., *Europe and its Others*, vol.1(Colchester, 1985), p. 23.
25. Frantz Fanon, *The Wretched of the Earth*(New York, 1963), pp. 35~43.
26. Kenneth Ballhatchet, *Race, Sex, and Class Under Raj : Imperial attitudes and policies and their Critics, 1793~1905*(London, 1980), p. 5.
27. 캘커타의 한 영국인 주교는 랄 바자(글자 그대로 홍등가)의 존재를 '안전하게 죄짓기'라고 불렀다. 영국은 인도의 매춘제도와 데바다시를 극렬하게 비난하면서도 백인 군인들의 '남성적인 욕구'를 충족시켜야 할 필요성은 인정하는 이중적인 자세를 보였다. 그래서 어떤 힌두 잡지는 매춘을 위해 '영국 여인을 데려오라'는 주장을 폈다. 1835년 대개 미혼인, 인도에 거주하는 유럽인 군인의 30퍼센트 가량이 성병에 감염되었고 이러한 추세는 한동안 계속되었다. Kenneth Ballatchet의 앞의 책 참조.
28. N. C. Chaudhuri, *The Continent of Cerce*(Bombay, 1996), 특히 제3장.
29. 'The Hindoo', *Patriot*, 16, Aug., 1887.
30. G. W. Steevens, *In India*(London, 1899), Peter Robb, ed., *The Concept of Race in South Asia*(Delhi, 1997), p. 298에서 인용.
31. Kathryn Castle, 'The Imprial Indian', J. A. Mangan, ed., *The Imperial Curriculum*, pp. 29~32.

32. 'The Head of the District', 1891, *The Stories from the Raj-From Kipling to Independence*, ed. by Saros Cowasjee(London, 1982), pp. 27~52.
33. James Mill, *The History of India*, pp. 312~3.
34. Report from St. James's Gazette, *The Bengalee*, 7, March', 1891에서 인용.
35. Michalel Edwards, *British in India 1772~1947*(New Delhi, 1994), p. 166에서 인용.
36. Joanna Liddle & Rama Joshi, *Daughters of Independence*(new Delhi, 1986), p. 27에서 인용.
37. Lallitha Antharjanam, 'The Admission of Guilt, tr. Vasanthi Sankaranarayan.
38. 이에 대해서는 Mrinalini Sinha, 'The Age of Consent Act', ed. by Tony Stewart, *Shaping Bengali Worlds, Public and Private*(East Lansing, 1989)를 참조.
39. 아무리 상상의 산물이어도 일단 세워진 전통은 쉽게 무너지지 않는 법이다. 인도가 독립한 후 20년이 지난 1965~6년에도 이와 같은 사정은 크게 바뀌지 않았다. 펀자브의 인구 구성비는 인도 총인구의 5퍼센트를 밑돌지만 인도군의 31.6퍼센트가 펀자브 지방 출신의 시크와 무슬림이었다. 반면에 여성적이고 군인이 될 자질이 없다고 영국으로부터 배척과 모욕을 받은 벵골인은 인도 연방 군인의 2.8퍼센트를 구성하는 데 그쳤다. 히말라야 산악 지방과 구르카인을 포함하는 우타르 프라데시(18.1퍼센트) 주를 제외하면 인도군의 10퍼센트 이상을 배출한 지방은 단 한 군데도 없었다.
40. Chareles Allen, pp. 222~3.
41. Otto Rothfeld, 'The Crime of Narsingji', 1909, Saros, Cowasjee, pp. 135~140.
42. Alice Perrin, 'The Rise of Ram Din', 1906, Saros Cowasjee, pp. 127~34.
43. P.J.O Taylor, *A Sahib Remembers*(New Delhi, 1994), pp. 117~9.
44. 이는 구르카 군대에서 근무한 경험을 기록한 F. Tuker의 글이다. *Gorkha: The Story of the Gurkhas of Nepal*(London, 1957), p. 33.
45. Lewis Wurgaft, *The Imperial Imagination: Magic and Myth in Kipling's India*, Chap. 1.
46. Kathrya Castle, pp. 25~6.

47. Percival Spear, *The Nabobs -A Study of the Social Life of the English in Eighteenth Century India*(Delhi, 1998), Appendix E, pp. 201~2.
48. 이는 Kaliprasnnas Sinha(1857)의 말이다. Indira Chowdhury-Sengupta, 'The Effeminate and the Masculine: Nationalism and the Concept of Race in Colonial Bengal', Peter Robb, ed., *The Concept of Race in South Asia*(Delhi, 1997), p. 289.
49. 인간의 정신은 성장과 더불어 발달 또는 진화의 단계를 거친다. 그러나 어떤 특수한 상황에 처하게 되거나 그 상황에 적응하지 못할 때 심리적 상태나 행동양식이 성숙하지 않은 초기의 단계로 되돌아가는 것을 퇴행, 또는 역행(regression)이라고 말한다.
50. Ashis Nandy, *The Intimate Enemy - Loss and Recovery of Self Under Colonialism*(Delhi, 1990), 특히 1장.
51. Sudhir Chandra, *The Oppressive Present - Literature and Social Consciouness in Colonial India*(Delhi, 1994), pp. 125~6.
52. 이는 고세(L. M. Ghose)의 발언이다. Judith Brown, *Modern India*(New Delhi, 1984), p. 150.
53. Kenneth Jones, *Socio Religious Reform Movement in British India*(Cambridge, 1994), p. 31.
54. 사티제도와 관련된 람 모한 로이의 이중적인 행태는 Ashis Nandy, 'Sati : A Nineteenth Century Tale of Women, Violence and Protest', *At the Edge of Psychology- Essay in Politics and Culture*(Delhi, 1980), pp. 1~31을 참조.
55. Friedrich Max Muller, 'On the Truthful Character of the Hindus', *Collected Works of Friedrich Max Muller, vol 13*(London, 1910), p. 72.
56. Sudhir Kakar, *The Inner World - A Psycho - Analytic Study of Childhood and Society in India*(Delhi, 1980), p. 175에서 인용.
57. Swami Vivekananda, *Lectures from Colombo to Almora*(Calcutta, 1983), pp. 17~39, 337~93.
58. Probha Dixit, 'The Polilitical and Social Dimentions of Vivekananda's Ideology', *Indian Economic and Social History Review*, 12. no.3(July-Sept., 1975), P. 301.

59. Stephen Hay, *Sources Of Indian Tradition vol. 2*(New Delhi, 1991), pp. 138~9.
60. Sudhir, Kakar, p. 175.
61. Richard Zaehmer, *The Bhagavad Gita*(O.U.P., 1969), p. 54.
62. Sudipta Kaviraj, 'Imagining History', *Occational Papers on History and Society*, 2nd Series no. 7(New Delhi, 1987) 참조.
63. Sudhir Chandra, p. 144.
64. 포스터의 《인도로 가는 길》에서 주인공 아지즈 박사와 필딩은 다음의 대화를 나눈다.

    필딩 : …… 내 조수 한 사람을 기다리고 있지요, 나라얀 고드볼레라고 하는.

    아지즈 : 오, 데칸 출신의 브라만이요!

    필딩 : 그도 역시 과거로 돌아가길 원한다오. 물론 알람기르(무굴의 아우랑제브 황제) 시대는 아니오만.

    아지즈 : 저도 알고 있지요. 데칸 출신의 브라만들이 뭐라고 하는지 아세요? 영국이 인도를 그들에게서 빼앗고 정복했다는 거예요. 무굴이 아니라 자기들에게서요……. 그들은 심지어 뇌물을 주고 그것을 역사책에 올렸답니다…….

65. D. Judd, pp. 28~9.
66. Jashodhara Bagchi, 'Representing Nationalism: Ideology of Motherhood in Colonial Bengal, *Economic Political Weekly*, 20~7 Oct. 1990, pp. 66~8.
67. Sarla Devi Ghosal, 'The Heritage of The Bengalee', *Bengalee*, 5 June, 1903, p. 3.
68. Uma Chakravarti, 'Whatever Happened to the Vedic Dasi?', Kumkum Sangari and Sudesh Vaid eds., *Recasting Women-Essays in Colonial History*(New Delhi, 1993)
69. 다음에 인용된 노래는 조긴드라나드 사르카르의 〈반데 마타람〉이란 시로 1905년 벵골 지방에서 스와데시 운동이 한창일 때 널리 불린 노래 중의 하나였다. Sumit Sarkar, *The Swadeshi Movement in Bengal 1903~1908*(Delhi, 1973), p. 290.
70. Tapan Raychaudhuri, *Europe Reconsidered*(Delhi, 1988), p. 253.

71. 현재 인도의 가장 큰 문제인 힌두-무슬림의 갈등은 바로 라마의 출생지 아요디야와 연관된다. 즉, 라마가 출생한 자리에 세운 라마 사원을 무굴 황제 바부르가 파괴하고 그 자리에 모스크를 세웠다는 주장을 두고 1940년대 말부터 양측간에 격렬한 논쟁이 생긴 것이다. 1992년, 결국 모스크는 일단의 힌두에 의해 파괴되었다. BJP는 이러한 갈등을 이용하여 지지기반을 확대, 정권을 잡았다.
72. Soudamini Khastagiri, 'Striloker Paricchhad(Women's Clothes)', 1872, Bharat Ray, ed., *From the Seams of History*(Delhi, 1997), p. 85에서 인용.
73. 20세기의 한 학생의 논의를 보면, "남자들은 여성적인 과목을 무시하고 프랑스어, 음악, 예술에 강조를 두는 당시 교육을 두려워했다. 여성이 수학과 라틴어를 배우게 된다면 사정은 더욱 나빠질 것이다. 필요한 것은 전통적인 여성적인 과목을 재활성하는 하는 것이다." Burstyn, 'Victorian Education', Malavika Karlekar, *Voices from Within*(Delhi, 1993), p. 90에서 인용.
74. Partha Chattergee, p. 247.
75. Meredith Borthwick, *The Changing Roles of Women in Bengal 1849~1905*(Princeton, 1984), pp. 92~3.
76. Partha Chatterjee, p. 93.
77. Bullhe Shah(1680~1758), Kaushik Basu and Sanjay Subramanyam, eds., *Unravelling the Nation*(New Delhi, 1996), p. 44에서 인용.
78. Qeyamuddin Ahmad, ed., *India by Al-Biruni*(Delhi, 1995), pp. 9~11.
79. 1931년에 실시된 인구 센서스에는 무슬림 인구가 총인구의 22.0퍼센트라고 나와 있다. 그 밖의 주요 집단은 기독교인이 1.7퍼센트, 시크가 1.2퍼센트였다. 다수인 힌두는 72.8퍼센트였다. *Cencus of India*, vol. 1931, pt. 1, *Report, Subsidiary Table 3*.
80. Anil Seal, *The Emergence of Indian Nationalism*(Cambridge, 1968), pp. 249~52 ; Stanley and Wolpert, eds, *Congress and Indian Nationalism*(Delhi, 1988), pp. 57~8.
81. Tanika Sarkar, 'Imagining Hindurashtra', David Ludden, ed., *making india hindu, Religion, Community, and the Politics of Democracy in India*(Delhi, 1996), p. 177에서 인용.

82. Meenakshi Mukherjee, *Realism and Reality*(Delhi, 1994), p. 57.
83. Indira Chowdhury-Sengupta, Peter Robb, ed., p. 288에서 인용.
84. 강상중, 《오리엔탈리즘을 넘어서》(서울, 이산, 1997), pp. 141~2.
85. Pratapnarayan Misra, 1892, Sudhir Chandra, p. 141에서 인용.
86. Jawaharlal Nehru, *The Discovery of India*(New Delhi, 1982), pp. 38~9.
87. John R. Mclane, 'The Early Congress, Hindu Populism and the Wider Society', Richard Sission and Stanley Wolport, eds., *Congress and Indian Nationalism*(Delhi, 1988), pp. 56~7.
88. 1931년 인구 센서스에 따르면, 오늘날 일부 영토가 파키스탄으로 편입된 펀자브 지방 인구의 다수는 무슬림으로 56.6퍼센트를 차지했다. 현재 펀자브 지방과 동일시되는 시크는 당시 인구의 13.0퍼센트였고, 힌두는 30.6퍼센트였다. 1909년에 획득한 무슬림 분리 선거구는 무슬림 인구가 다수인 이 지방과 현 방글라데시가 있는 동부 벵골 지방을 염두에 두었다.
89. 심지어 힌두 근본주의 운동을 편 RSS도 근대적인 성격을 포함했다. 창설자 케사브 발리람 헤드게와르는 캘커타에서 영어와 의학공부를 했고 그의 계승자 골왈카르도 생물학 석사학위 소지자로서 단체에 들어오기 전 베나레스 힌두대학에서 강의를 한 경력을 가졌다(Kaushik Basu and Sanjay Subramanyam, p. 205). 심리학자 아시스 난디가 극렬하게 비난한, RSS의 유니폼은 카키 반바지와 셔츠로 식민정부 경찰의 유니폼과 유사하다. 이는 아시스 난디가 주장한 대로 서양을 최고로 여기는 문화적 패배의 소산일 수 있지만 내가 보기에는 영국 정부가 비난한, 여성적인 힌두 옷차림에 대한 반동이었다.
90. Frantz Fanon, p. 198. 이러한 관점을 학교교육에 도입하여 설명한 Remi Clignrt의 글도 참고하였다. 'Damned if you do, Damned if you don't: the Dillemmas of Colonizer- Colonized Relations', Philip Altback & Gail Kelly, *Education and the Colonial Experience*(London, 1984), p. 91.

푸른역사

내 아들 딸들에게 아버지가 쓴다 ◀ 신간
허경진 편역/신국판/291쪽
이규보에서 김대중까지 지혜와 감동이 담긴 43편의 편지.

누가 왕을 죽였는가
이덕일 지음/신국판/342쪽
조선조 9명의 임금과 세자에게 뒤따라다닌 사인의 의혹. 정사와 야사를 넘나들며 역사의 이면에 가려진 진실을 파헤친다.

조각난 역사
출판저널 각계 50인이 선정한 좋은 책
프랑수아 도스/김복래 옮김/변형 국판/418쪽
프랑스 사학을 명실공히 인문학과 사회과학의 제왕으로 올려놓은 아날학파의 신화에 대한 새로운 해부.

진훤이라 불러다오
이도학 지음/신국판/342쪽
암울한 현실에 짓눌리기를 거부했던 후백제 왕국의 비극적 영웅 진훤의 초상.

사도세자의 고백
'98 교보·영풍 인문분야 베스트셀러
이덕일 지음/신국판/348쪽
조선조 최대의 비극 사도세자 죽음의 진실을 추리소설적 기법으로 파헤친 새로운 형식의 역사서.

누가 역사의 진실을 말했는가
'98 중앙일보 좋은 책 100선 선정도서
크리스티안 마이어/이온화 옮김/신국판/500쪽
소크라테스에서 나치까지 2천 년 인류 역사를 뒤흔든 법정 세계사 30장면.

영조와 정조의 나라
'98 중앙일보 좋은 책 100선 선정도서 /'98 한겨레 신문 상반기 추천도서
박광용 지음/신국판/339쪽
조선의 르네상스 76년을 이끈 두 대왕 영조와 정조, 그리고 그 시대를 움직인 사람들의 역사.

금관의 비밀
간행물윤리위원회 서평도서
김병모 지음/4·6배판/213쪽
30여 년에 걸친 현장 답사와 고증, 역사적 상상력으로 밝혀낸 금관에 담긴 한국 고대사의 수수께끼.

정도전을 위한 변명
조유식 지음/신국판/378쪽
소용돌이치는 현실정치에 몸을 던져 개혁정치의 선구자가 된 정도전의 파란만장한 일대기.

새로 쓰는 백제사
이도학 지음/변형 신국판/644쪽
철저한 고증과 문헌비판으로 '정복국가론'을 제기하며 백제사의 새로운 지평을 연 역저.

푸른숲의 인문·사회과학

2000년, 이 땅에 사는 나는 누구인가
이진우 外/신국판/324쪽
2000년을 눈앞에 둔 세기적 전환기를 맞아 우리 사회에서 꾸준히 문제의식을 밝혀온 지식인 23명의 과거 반성과 미래 전망을 담고 있다.

츠바이크의 발자크 평전
슈테판 츠바이크/안인희 옮김/변형 4·6판 양장본/692쪽
소설보다 더 극적이고 파란만장한 발자크의 삶과 문학을 생생하게 그려낸 슈테판 츠바이크 최후의 걸작. 자기 시대 인간 군상의 모습을 가장 적나라하게 보여준 위대한 작가의 내면과 거대한 문학 세계가 입체적이고 세심하게 그려져 있다.

한국 인문사회과학의 현재와 미래
학술단체협의회 편/신국판/396쪽
학단협 소속 21개 회원 단체 연구진들이 지난 10년 간 인문사회과학 각 분야에서 쌓아온 연구성과를 종합, 점검함으로써 다가올 21세기 한국 인문사회과학의 새로운 좌표를 모색하고 있다.

이야기 세계의 신화
에이미 크루즈/배경화 편역/신국판/320쪽
문명의 시작을 설명해주는 고대의 암호이며, 현재 인류의 생활 속에 생생히 남아 있는 역사의 출발점인 신화를 통해서 각국의 문화와 역사의 특성을 살펴볼 수 있는 입문서.

박정희의 유산
김재홍 지음/신국판/360쪽
지난 20여 년 간 〈동아일보〉 정치부 기자를 지낸 김재홍 논설위원이 현장 취재를 바탕으로 박정희를 중심으로 하는 한국 정치사를 새롭게 조명한 정치 해설서.

도도의 노래
'98 언론노동조합연맹 선정 올해의 책
데이비드 쾀멘/이충호 옮김/신국판/전2권
진화와 멸종을 연구하는 섬 생물지리학의 모든 역사와 진화의 비밀, 지구상에서 일어난 멸종의 사례, 그리고 자연 파괴의 현장에서 멸종을 막으려는 사람들의 노력을 흥미진진하게 풀어간 책.

히틀러 평전
한겨레신문 '98 상반기 추천도서
요아힘 C. 페스트/안인희 옮김/변형 국판 양장본/전2권
히틀러 평전의 결정판. 철저한 고증, 균형 잡힌 시각으로 서술한 평전의 모범으로, 한 인물의 전기를 넘어서 그 시대의 역사를 폭넓고 깊이 있게 다루고 있다.

권력장
곽존복/김영수 옮김/신국판 양장본/484쪽
중국 역사 속에 나타난 다양한 권력행사 유형을 통해 권력의 본질과 올바른 권력행사 방법을 제시하는 역사서.

한반도 30억 년의 비밀
'98 한국 간행물윤리위원회 청소년 권장도서 / 과학문화재단 추천도서
'98 문화관광부 추천도서 / '98 교보문고 좋은책 선정도서
유정아 지음/변형 국판/올컬러/전3권
KBS에서 3부작으로 방영한 다큐멘터리와 동시에 제작한 것으로 과학, 특히 지질학과 고생물학을 통해 한반도 30억 년의 역사를 최초로 복원한 책.
1부-적도의 땅:5억 년 전 한반도는 적도 아래 있었다.
2부-공룡들의 천국:한반도의 가장 오랜 지배자는 공룡이었다.
3부-불의 시대:발해의 멸망은 백두산 폭발 때문이었다.

박정희를 넘어서
한국정치연구회 편/신국판/416쪽
한국정치연구회의 젊은 소장학자들이 그 동안의 연구 성과를 토대로 집필한 이 연구서는 박정희 신드롬, 박정희 시대의 정치, 박정희 시대의 산업화, 박정희 시대의 외교를 객관적·역사적으로 다루고 있다.

문명의 기둥
'97 교보문고 좋은 책 선정도서
곤도 히데오 外/양억관 편역/신국판/268쪽
전설 속의 대륙 아틀란티스와 레무리아에서부터 수메르, 메소포타미아, 이집트, 고대 에게 해의 문명국들, 아메리카의 잉카 제국, 중국의 황허 문명, 인도의 갠지스 문명에 이르기까지 세계의 고대 문명을 총괄, 정리한 고대 문명 입문서.

인간속의 악마
장-디디에 뱅상/유복렬 옮김/신국판/360쪽
인간 안에 존재하는 악마의 존재를 통해 인간을 더욱 깊이 있게 이해하려는 독특한 관점의 인문교양서. 진화론을 바탕으로 인간의 두뇌 속에서 우리의 행동과 언어를 이끌고 인식능력을 지배하는 악마의 존재를 추적한다.

최초의 인간 루시
'96 한국 간행물윤리위원회 서평도서
도널드 요한슨·메이틀랜드 에디/이충호 옮김/신국판/464쪽
1974년 에티오피아에서 발견된 '최초의 인간 루시'를 통해 인류진화 과정을 설명하는 이 책은, 고인류학의 태동에서부터 인류학사에 중요하고 재미있는 사건을 총망라하여 상세하고도 흥미롭게 다루고 있다.

한 권으로 읽는 융
E. A. 베넷/김형섭 옮김/신국판/240쪽
인간의 감정, 사고, 행동의 근원이 되는 무의식의 정신 활동과 내적 세계의 탐구에 몰두했던 정신의학자 융의 사상과 생애를 한 권으로 정리한 융 심리학 개설서.

한 권으로 읽는 프로이트
D. S. 클라크/최창호 옮김/신국판/276쪽
프로이트가 전 생애에 걸쳐 남긴 20여 편의 저서를 중심으로 그의 정신분석 이론이 생성, 수정, 발전해가는 과정을 총망라하여 보여주는 정신분석 해설서.

우리 역사를 읽는 33가지 테마
'97 교보문고 청소년 권장도서
우윤 지음/신국판/360쪽
정치·문화·학문·생활 등 33가지 주제를 통해 우리 역사 전반을 분석한 책. 역사학

자로서의 전문성과 흥미로운 서술방식을 갖춘 역사서.

반일 그 새로운 시작
'97 한국 간행물윤리위원회 권장도서

이규배 지음/신국판/372쪽
역사적 문헌을 바탕으로 반일 감정의 연원을 밝히고, 일본의 실체를 파헤친 한일론에 대한 본격 연구서.

소크라테스 최후의 13일
'97 한국 간행물윤리위원회 청소년 권장도서

모리모토 데츠로/양억관 옮김/신국판/346쪽
소크라테스가 사형 선고를 받은 이후 독배를 받고 죽기까지 13일 동안의 사색을 소설적으로 재구성하여 그 사상의 핵심을 알기 쉽게 해설한 책.

20세기를 만든 사람들
김정환 지음/신국판/308쪽

푸른숲 필로소피아 총서

탈주의 공간을 위하여
서울사회과학연구소 편/신국판 양장본/388쪽

야만적 별종
안토니오 네그리/윤수종 옮김/신국판 양장본/472쪽

근대적 시·공간의 탄생
이진경 지음/신국판 양장본/180쪽

니체와 해석의 문제
앨런 슈리프트/박규현 옮김/신국판 양장본/356쪽

분자 혁명
펠릭스 가타리/윤수종 옮김/신국판 양장본/472쪽

반항의 의미와 무의미
줄리아 크리스테바/유복렬 옮김/신국판 양장본/472쪽

푸른숲의 시

요즈음엔 버리는 연습을 한다 ◀ 신간
이시연 시집/신4·6판/132쪽
자연과 만난 경험을 나지막한 목소리로 노래해온 이시연 시인의 네 번째 시집.

밥보다 더 큰 슬픔
김선옥 外/신4·6판/180쪽
한국방송공사(KBS)를 일터로 삼고 있는 8명의 시인들의 시편을 모은 시집.

그대 굳이 사랑하지 않아도 좋다
이정하 시집/신4·6판/104쪽
이루어질 수 없는 사랑에 때론 아파하고 때론 절망하는 마음을 서정적인 감성으로 그린 시집.

너는 눈부시지만 나는 눈물겹다
'96 '97 '98 시부문 전국 베스트셀러

이정하 시집/신4·6판/104쪽
사랑의 애잔한 아픔과 그 속에 깃든 사랑의 힘을 섬세하게 풀어쓴 시집.

그대가 곁에 있어도 나는 그대가 그립다
8년 연속 전국 베스트셀러

류시화 시집/신4·6판/112쪽
뛰어난 서정성과 환상적 이미지로 삶의 비밀을 섬세하게 풀어낸 류시화 시집.

그대에게 가고 싶다
7년 연속 전국 베스트셀러

안도현 시집/신4·6판/98쪽/값 3,000원
가슴 아픈 사랑의 마음을 그린 서정시집.

그대 거침없는 사랑
5년 연속 전국 베스트셀러

김용택 시집/신4·6판/108쪽
〈섬진강〉의 시인 김용택이, 소박하고 꾸밈없는 목소리로 사랑의 경건함과 따사로움, 사랑의 순정함을 노래한다.

아름다운 사람 하나
'97년 시부문 베스트셀러

고정희 시집/신4·6판/144쪽
고통스러우면서도 절실한 사랑의 감정을 통해 성숙해가는 이를 그린 서정시집.

푸른숲의 소설

봉순이 언니 ◀ 신간
공지영 장편소설/신국판/216쪽
60~70년대 고도성장의 뒷골목에서 한없이 추락하면서도 삶에 대한 낙관을 포기하지 않는 주인공을 통해 끝끝내 포기할 수

장편소설.

무소의 뿔처럼 혼자서 가라
공지영 장편소설/신국판/332쪽

더 이상 아름다운 방황은 없다
공지영 장편소설/신국판/364쪽

그리고, 그들의 아름다운 시작
공지영 장편소설/신국판/전2권

광야에서
윤영수 장편소설/신국판/전3권
1920~1940년대, 항일단체 송백단의 요인 암살, 만주·도쿄 주식시장을 뒤흔드는 주인공들의 숨가쁜 장면과 감추어졌던 사건들, 그리고 예고된 새로운 대결이 독자의 가슴을 뛰게 한다.

한국판 어린 왕자
전윤호 글 / 육근영 그림/변형 4·6판 양장/116쪽
서울에 다시 온 어린 왕자를 통해 남을 이해하고 사랑하기 위해서는 얼마나 긴 시간 동안의 인내와 노력이 필요한지, 그리고 우리가 지켜야 할 소중한 것이 무엇인지를 말하고 있다.

하얀 새 '96년 한국 간행물윤리위원회 청소년 권장도서
송우혜 장편소설/신국판/354쪽
병자호란이라는 전란을 겪은 명문 사대부 가문의 젊은 여인의 삶을 통해 '남성중심적이고 명분지상적인 사회제도와 의식이 한 여인을 어떻게 속박했으며 또 어떻게 단련했는지'를 이야기하고 있다.

황홀한 반란
이경자 장편소설/신국판/296쪽

살아간다는 것
여화(余華) 장편소설/신국판/312쪽

푸른숲의 에세이

인간적인 것과의 재회 ◀ 신간
박호성 지음/국판 양장본/268쪽
박호성 교수의 새벽 산책같이 맑고 신선한 수상록. 익숙한 일상과 결별하고 있는 시대에 우리가 다시 만나야 할 것은 무엇인가를 자신의 체험과 사색을 통해 맛깔스럽게 그려내고 있다.

성격대로 살아가기
김정일 심리 에세이/변형 국판 양장본/280쪽
현대인들의 정신병리와 심리 문제를 진단하고, 자아의 소중함을 일깨워온 저자가 타고난 성격 때문에, 혹은 다른 사람들과 맞지 않는 성격차이로 고민하는 사람들에게 전하는 심리 에세이.

지상에서 사라져가는 사람들
김병호 外/국판 양장본/280쪽
오랫동안 현대 문명과 단절된 채 민족 고유의 생활방식을 따르며 살아온 소수민족의 삶과 죽음, 종교와 제의, 성의식과 결혼 풍습 등을 문화 인류학적인 관점에서 조명한 문화 탐사기.

영혼을 위한 닭고기 수프
잭 캔필드·마크 빅터 한센/류시화 옮김/신국판/전2권
살아가면서 잃어버리기 쉬운 꿈과 행복을 어떻게 지키며 살아가야 하는가를 보여주는 1백여 편의 감동적인 이야기. 이 책은 역경을 딛고 일어선 사람들, 생활 속에서 만나는 작은 감동들, 인생의 의미와 철학이 담긴 우화 등으로 구성되어 있어 깊은 감동을 준다.

괴테의 이탈리아 기행
괴테/박영구 옮김/변형 4·6판 양장본/720쪽
저명한 작가이자 바이마르 공국의 정치가로서 명성을 떨치고 있었던 독일의 대문호 괴테가 자신의 문학적 상상력을 옭죄는 궁정생활을 탈출하여, 베네치아·피렌체·로마·나폴리·시칠리아 등 이탈리아 전역을 여행하며 남긴 기록.

삶이 나에게 가르쳐준 것들
류시화 명상 에세이/국판 양장본/228쪽
삶을 찾아 끊임없이 헤매어다닌 긴 여행길의 이야기들을 내적인 체험과 다양하고 재미있는 우화 사이를 넘나들면서 류시화 특유의 바람결 같은 문체로 이끌어가고 있다.

이옥순

숭실대학교 사학과 졸업.
인도 델리대학교에서 석·박사학위를 받았다.
현재 숭실대에서 강의하고 있으며,
지은 책으로 문화 에세이집 《인도에는 카레가 없다》
《인도 여자에게 마침표는 없다》, 번역서 《인도근대사》
《친밀한 적》 등이 있다.

여성적인 동양이 남성적인 서양을 만났을 때

- 1999년 2월 1일 초판 1쇄 발행
- 2004년 11월 15일 초판 3쇄 발행
- 글쓴이 ──────── 이옥순
- 펴낸이 ──────── 박혜숙
- 주간 ────────── 백승종
- 편집 ────────── 이근영, 조세진, 이소영, 진봉철, 안희주
- 영업 ────────── 양선미
- 인쇄 ────────── 백왕인쇄
- 제본 ────────── 문원제책
- 용지 ────────── 화인페이퍼
- 펴낸곳   도서출판 푸른역사
  우 140-170 서울시 용산구 동자동 5-1 성사빌딩 207
  전화: 02)756 · 8956(편집부) 02)756 · 8955(영업부)
  팩스: 02)771 · 9867
  E-Mail: bhistory@orgio.net
  등록: 1997년 2월 14일 제13-483호

ⓒ 이옥순, 1999
ISBN   89-87787-11-7   03900

· 저자와의 협약에 의해 인지는 생략합니다.
· 잘못 만들어진 책은 교환해드립니다.